L'Ombre de ma voix

Patricia KAAS

Avec la collaboration de Sophie Blandinières

L'Ombre de ma voix

Flammarion

ISBN : 978-2-0812-4932-5

À Irmgard, Joseph, Raymond, Robert, Bruno, Dany,
Egon, Carine et Patricia… La famille Kaas.

Saint-Rémy-de-Provence, 16 mai 2010

La première goutte est tombée ce matin vers 9 heures. À mon lever. Et depuis, le ciel se répand.

Aujourd'hui, c'est un jour d'anniversaire. Inutile de regarder mon agenda pour le savoir. Comme tous les ans, j'ai allumé une bougie qui tremblote dans le courant d'air humide. Nous sommes le 16 mai et moi, pour la vingt et unième fois, je suis en deuil. La météo au diapason.

Il faisait lourd ces derniers jours. J'étais lasse. Je n'avais le courage de rien. L'impression d'être sans énergie, essorée par une longue tournée. *Kabaret* m'a vidée, je crois. J'avais juste envie de ne rien faire. Ne pas penser. Regarder le jardin se réveiller sous l'effet du printemps, rêvasser doucement, sans but, sans inquiétude.

Mais maintenant, ma torpeur se dilue dans la pluie. Je la vois cogner sur ma vieille chaise longue rouillée, éclaircir les pierres de la terrasse, laver le fer forgé des tables. La force me revient. Comme elle m'est venue il y a vingt et un ans. « Je voudrais te voir grande », me disait-elle. Alors, pour elle, je n'ai cessé de grandir. Même que j'ai fini par me cogner. Comme si j'étais enfermée ou que le plafond était toujours trop bas.

La vie d'artiste... Elle en rêvait pour moi. Les feux de la rampe, la scène brûlante, les fans hystériques. Et les rencontres avec des étoiles ou des lumières, des stars, des présidents. Et les voyages en Russie, en Asie, ou en Allemagne.

La vie d'artiste... Je l'ai eue, je l'ai, sans la regretter. Mais quand j'y pense, je ne m'en souviens plus. Comme si j'avais rêvé.

J'ai vécu au-dessus de moi, vue d'en haut. Incapable de réalité. Sauf sur scène. J'ai oublié Patricia, dans tout ça. J'ai beaucoup chanté, beaucoup aimé, beaucoup pleuré. Mais je n'ai pas parlé. Faire des phrases, ce n'est pas mon style. Mais pour me souvenir, je n'ai que des images. Sincères. Voici la bande originale de ma vie. Son commentaire, sa voix *off*. La face B que vous n'avez jamais écoutée.

1.

Poêle à charbon

L'odeur, délicieuse, a envahi le salon. Si puissante, si attirante, que je la vois presque se matérialiser en brouillard cacaoté. Et je la prends en filature comme l'ours, dans les bandes dessinées, qui vient de localiser le gâteau refroidissant sur le rebord de la fenêtre. Odeur précieuse de mon enfance. Le chocolat brille dans le four sur les biscuits que nous allons savourer tout à l'heure. Mais tout à l'heure c'est trop loin pour ma gourmandise. Ces gâteaux, je les attends toute l'année.

Ce soir, c'est Noël, alors maman s'affaire en cuisine, prépare, découpe, mélange, nappe. Sur les feux, des casseroles emmêlent leurs émanations. Et, bien que je connaisse leur contenu, je le découvre à chaque fois. De toute façon, je suis trop petite pour voir dans les casseroles, alors c'est mon nez qui joue les innocents. Je furète dans la cuisine et je hume telle une petite souris les merveilles concoctées par ma fée. Le plat favori de papa, les escargots à la sauce verte aillée. Puis, un bouillon de légumes qui mijote et claque gaiement des petites bulles, et le rôti, royal dans son plat sur son lit d'oignons, de tomates et d'herbes, qui attend son tour de four. Cette pièce majeure du repas de Noël fait l'unanimité, alors que le lapin ou la dinde ont leurs détracteurs parmi nous, les enfants. Pas évident de se mettre d'accord sur le menu quand on est une fratrie aussi nombreuse. Nous sommes sept, comme les nains, les mercenaires, les merveilles du monde, les vies du chat, les jours de la semaine, les boules de cristal... ! Cinq garçons en tête et deux filles ensuite. Nous sommes tous là aujourd'hui, même ceux qui ont quitté la maison, les aînés, Robert, Raymond et Bruno accompagnés de leurs femmes. J'aime qu'il y ait du monde à la maison, que nous soyons au complet, que notre salon étroit craque sous les mouvements, les rires, les voix tonitruantes échauffées par l'alcool. J'aime deviner qui arrive quand la sonnette retentit. J'aime ce débordement d'un soir, les yeux qui pétillent, maman qui sourit, papa qui rosit. C'est bon, tout rond, doux comme la mousse ou la chute d'un flocon.

Il y a les odeurs de festin, les bruits de joie et ma famille, mon clan. Je les regarde, je suis fière de mes frères et sœur. Robert qui parle entre hommes avec papa à qui il ressemble, Egon qui blague avec Carine, Raymond et Bruno qui aident maman, et Dany qui s'amuse à relever mes tresses blond cendré. Les six ont les mêmes yeux bleus, certains légèrement plus allongés. Moi, je suis la petite dernière. J'ai huit ans. Ma sœur en a douze et après, ils sont beaucoup plus âgés que moi. Je suis arrivée bien après la série des frères. En fait, maman voulait une fille. Mais elle a eu cinq garçons. Et comme elle regrettait de ne pas avoir de fille, elle a poussé la famille à six enfants avec Carine. Elle devait s'en tenir là, mais je suis arrivée, impromptue, conçue par accident. L'enfant du printemps, du désir renaissant, née un 5 décembre. Sept enfants, une vraie tribu, un collectif. Avec de l'harmonie, et pas uniquement les soirs de Noël.

Pour maman, bien sûr, ce n'est pas de tout repos. D'autant qu'elle prend son rôle de mère de famille nombreuse très au sérieux. Elle nous nourrit, nous lave, nous chérit, nous écoute, nous soigne, nous éduque. Elle est présente. C'est une mère tendre quand il faut mais sévère aussi quand nous, les enfants, on l'oblige à l'être. Elle est capable de nous dispenser d'école le matin quand elle nous sent trop fatigués ou pas assez motivés, mais elle peut aussi se fâcher très fort si elle n'apprécie pas notre comportement. Maman a des principes : il ne faut pas mentir, il faut être juste, il faut être respectueux. Sinon, elle hurle. Nous redoutons ses colères à cause de leur volume sonore et de leur stridence. Sa voix se perche quand elle perd son calme et atteint des aigus qui nous forcent à nous boucher les oreilles. Nous essayons de lui donner satisfaction, aussi parce que nous nous rendons bien compte qu'elle travaille dur pour nous élever. Avec peu de moyens, le salaire très modeste de mineur de mon père.

Elle est jolie maman ce soir, elle porte un chemisier blanc un peu satiné et une jupe noire qui laisse dépasser ses fines jambes. Elle a gardé son tablier pour ne pas se tacher quand elle coupera les tranches de rôti tout à l'heure. Avec Carine, on s'est fait belles dans la salle de bains, avant que tout le monde arrive. Ma sœur rouspétait, en bon garçon manqué, d'avoir à s'habiller en fille, avec une robe et tout. Moi, au contraire, j'étais tellement contente ! J'ai même demandé à maman qu'elle me mette du rose aux joues. Le vernis, par contre, j'y aurai droit quand j'aurai arrêté de me ronger les ongles. Carine grogne, elle trouve que sa robe sans manches en velours côtelé vert avec le sous-pull blanc, ce n'est pas confortable. Et quand elle regarde ses pieds, elle a presque les larmes aux yeux. Elle déteste ses souliers vernis noirs, ferait bien croire qu'ils sont trop petits, qu'ils ont rétréci dans le placard. Moi, j'interdis à maman de toucher mes cheveux. La dernière fois que ça s'est produit, je n'ai plus voulu aller à l'école par peur des moqueries. J'avoue qu'en coiffure, elle n'est pas très douée mais elle refuse de le reconnaître. Elle adore nous mettre des bigoudis qu'elle nous laisse des heures sur la tête. Quand nous nous regardons dans le miroir avec ma sœur, on dirait des petits moutons hébétés. Ce soir, exceptionnellement, je lui demande de me faire des tresses. D'accord, je prends le risque qu'elles ne soient pas de la même épaisseur et pas au même niveau, mais je m'en moque. J'ai remarqué, de toute façon, que rien n'était jamais symétrique chez les gens. Alors pourquoi les tresses le seraient-elles ?

Finalement, ma sœur capitule et dix minutes plus tard, elle a déjà oublié que ses chaussures la contrarient et que son sous-pull en acrylique la gratte. Jusqu'à ce qu'Egon, pour qui tout est prétexte à rire, le lui rappelle. Il lui dit en patois de la frontière : « *Wi sich en du aus* (T'as vu à quoi tu ressembles) ? » Ma sœur rougit immédiatement et exploserait si maman ne donnait pas à ce moment-là le signal que nous attendons tous depuis des heures. À table ! Le mot « table » met tout le monde d'accord et la soupière fumante placée en son centre nous fait taire. Au moins le temps d'une première tournée. Après quelques secondes, sacrées, pendant lesquelles nous goûtons comme si c'était la première fois le potage de maman, les langues se délient, les verres se remplissent, et le brouhaha naturel de la famille Kaas se remet en marche. Au bout d'un moment, on ne s'entend plus manger : le cliquetis des couverts se soumet aux voix graves qui résonnent de tous les côtés de la table.

Ce soir, le poêle à charbon ne chômera pas. Il va grésiller longtemps pour nous : le repas de Noël dure des heures, et nous prenons un malin plaisir à prolonger les festivités. Nous ne sommes pas pressés de nous séparer. En fait, le cadeau, c'est ça, il n'y en a pas d'autres. Nous sommes bien trop nombreux pour nous permettre de nous acheter des vrais cadeaux. À défaut, nous nous offrons quelques babioles et surtout, nous compensons en profitant doublement du dîner. Nous engrangeons de la chaleur, de l'amour, plus solide que n'importe quelle bricole. Un cadeau durable.

Je ne regrette pas le Père Noël de la chanson et ses jouets par milliers parce que j'ai le mien, personnel, et qui, lui, au moins, ne s'arrête pas de bosser onze mois de l'année. Il s'appelle M. Moretti. Non seulement il travaille dans une fabrique de jouets en tant que gardien de nuit, mais il tient un café à Creutzwald où il organise des petits concerts, des concours de chants. C'est chez lui que j'ai chanté pour la première fois en public. Il y a une semaine, il m'a donné une poupée toute neuve, dernier modèle. J'en suis folle. Il faut dire qu'elle est exceptionnelle : quand je lui bouge le bras, elle fait des bulles avec la bouche. Mais j'aime toujours celle qu'il m'a offerte juste avant celle-ci, une poupée qui nage lorsqu'on la remonte.

Cette année encore, le rôti fond dans la bouche, papa et Egon poussent des grands « humm ! » de plaisir et les autres approuvent de la tête. Nous communions autour du repas. Liés par le sang et le plaisir pris ensemble. Maman a retiré son tablier, elle s'est enfin assise pour plus de dix minutes. Plus de cuisson à surveiller dans la cuisine. Elle goûte les petites pommes de terre rissolées au beurre avant que nous ayons tout dévoré.

Doté d'un solide sens de l'humour qu'il nous montrait rarement, Raymond, le plus silencieux de mes frères, qui a déjà fini son assiette, joue avec la cire rouge de la bougie. Robert, lui, a terminé de saucer son assiette immaculée : il veut être resservi. Dany ne peut pas s'en empêcher, il faut toujours qu'il débarrasse la table ; il est déjà debout. Il aime la fête mais pas le désordre qui l'accompagne. Il est tellement sérieux qu'il travaille à l'école. Il va faire des études, il nous impressionne tous avec ses notes au-dessus de la moyenne et les éloges de ses professeurs. Dans la chambre que nous partageons, Carine, lui et moi, il essaie de nous transmettre sa manie de l'ordre. Avec succès. Bruno, lui, reste bien calé sur sa chaise, détendu, le visage reposé, repu. Au moins ce soir, il ne semble pas d'humeur à nous faire la morale, à nous reprocher nos bêtises. Parce que, d'habitude, Carine et moi en prenons pour notre grade. Les mauvais résultats scolaires, les petites bêtises, tout écart est sermonné par Bruno. Nous le craignons car il n'a pas l'indulgence d'un parent. Noël garantit la trêve, alors ce soir, pas de reproches.

La buée a blanchi les fenêtres et les pieds des bougeoirs ont rougi. La couleur des boules de Noël accrochées au sapin paraît s'être intensifiée. Le moment des biscuits est venu. Maman apporte le saladier avec sa montagne magique d'étoiles en chocolat. La recette lui vient de sa mère. C'est une recette traditionnelle de Noël qui a traversé la frontière. Elle est allemande mais ici, en Moselle, il n'y a pas vraiment de ligne de démarcation : les Français se mélangent couramment aux Allemands. Les couples mixtes de toutes les générations sont nombreux dans le coin.

Mes parents, eux, se sont rencontrés à un bal. J'imagine mon père élégant qui invite ma mère pour une valse qu'il sait ne jamais devoir s'arrêter. Et après, un bisou que j'ai par contre du mal à me figurer. Ils ne s'embrassent jamais devant moi, ne se disent jamais de mots d'amoureux. Je ne sais pas comment c'est. L'Allemagne, en revanche, c'est tellement près, que je sais comment c'est. En vivant ici, à Stiring-Wendel, une ville frontalière, il suffit que j'écoute ma mère, que je tende un peu le cou, et je suis en Allemagne. Sur la carte, cinquante mètres nous séparent. Dans la vie, nous ne sommes pas séparées.

Il est tard maintenant. Du haut de mes huit ans, mes paupières, trop lourdes, tombent un peu. Les clignotements de la guirlande colorée produisent un effet hypnotisant. Je me suis pelotonnée sur le canapé dans la chaleur de la soirée. Je lutte pour ne pas en rater les derniers moments, quand tout à l'heure mes frères mettront leur manteau dans l'entrée et s'en iront, que maman emportera les derniers verres à la cuisine. Pour l'instant, papa et mes frères sirotent encore des digestifs. Collée contre maman qui discute avec Bruno, bercée par les voix autour de moi, je m'endors.

Demain, il n'y a pas école, et ça, c'est une bonne nouvelle. En général, j'y vais sans plaisir et les matins de grand froid, l'obligation devient carrément pénible. Les températures en dessous de zéro qui me gèlent le nez avant même de l'avoir mis dehors sont fréquentes. Quand la neige entre dans le paysage, je peux au moins me dire que je vais m'amuser avec les autres, faire des batailles de boules de neige ou des bonhommes. Le gris austère et glacial de la façade de l'école – qui ressemble à un monastère – s'égaie au contact du blanc de la neige. Dans la cour, les filles doivent se ranger d'un côté, les garçons de l'autre. Les règles sont strictes, nos jeux les adoucissent.

Après l'école, c'est encore mieux parce que je peux faire de la luge sur laquelle, à cause de mon poids plume, je peine à prendre de la vitesse. Mais j'adore ça, glisser dans la neige. Je n'ai pas froid parce que maman, au préalable, me tapisse de papier journal. Elle m'entoure à chaque fois de plusieurs couches qui gonflent un peu mon anorak mais me protège du gel.

*

Je suis plongée dans le sommeil innocent des enfants et je rêve... De la soirée qu'on vient de passer, d'école, d'étoiles en chocolat, et de Joe Dassin sur scène qui s'adresse au public : « Je vais vous chanter "L'Amérique" avec une petite fille que je voudrais vous présenter, c'est elle, elle s'appelle Patricia Kaas. »

2.

Gravure à la mine
« *Glück Auf !* »

Dehors, un silence ouaté règne sur la ville. Les dernières taches de lumière ont faibli derrière les vitres. Seuls les halos jaunâtres diffusés par les réverbères subsistent sur la rue du Général-Leclerc. La nôtre est déserte, sa cape blanche souillée par les traces de pas. Les gens sont rentrés chez eux, grisés, le ventre plein et heureux à l'idée de chômer le lendemain, tout comme leurs enfants. Ils le méritent, leur repos, les gens, à Stiring-Wendel ou l'une de ses voisines. Tous, parce qu'ils font un métier harassant. Dans le fer ou dans le charbon, à l'usine ou à la mine, ils portent à bout de bras leurs villes aux haleines noircies par un siècle d'activité industrielle. En plus, ça va mal... Hier, ils étaient l'avenir du XIXe siècle, aujourd'hui, ils sont le passé du XXe. Le bassin lorrain qui enfanterait le progrès... Après l'euphorie, la dépression. Quand j'entends les grands parler, des mots comme « crise », « déclin », « fin », « rien » reviennent souvent. Je comprends vaguement que, sous les sourires que les habitants ici ont facilement aux lèvres, s'agitent les soucis. Et puis, j'ai papa sous les yeux, preuve que tout n'est pas aussi doux et facile que les soirées de Noël.

Papa, lui, normalement, là, il est au turbin. À deux heures du matin, il est « au charbon ». Mon père, Joseph Kaas, est mineur, « gueule noire ». Son service, lui, il le prend parfois à l'heure où la lumière est la même dans la mine et au-dehors. Quand il n'y en a pas. Peut-être que, comme ça, il n'a pas l'impression d'alterner les nuits en surface et en sous-sol. Quand il rentre, au petit matin, à notre lever, il porte sur son visage les stigmates de la nuit, comme s'il s'était frotté à elle, l'avait étreinte et en gardait la trace de noir aux lèvres. Il a beau, ensuite, se nettoyer au savon et à la brosse, il reste toujours sur lui des ombres de son labeur nocturne. Le noir foncé de la mine qui rend transparent le bleu de ses yeux. Il est épuisé, ça se voit aussi à la façon qu'il a de s'affaler dans le fauteuil. Je me rends bien compte qu'il fait un métier dur, un métier d'homme, un métier à haut risque qui ressemble à celui de soldat. Il faut être prêt à mourir tous les jours, il faut gagner chaque bataille au risque de perdre la guerre, il faut ressortir vainqueur d'un sombre corps à corps. Il ne faut pas craindre de descendre dans les veines rugueuses de cette terre anthracite où je pousse sous le gris du ciel.

Chaque jour, papa y va lutter contre les parois suintantes pour en tirer notre pain quotidien, se faufiler dans des dédales obscurs avec la trouille au ventre, s'asphyxier dans des corridors minuscules et lugubres. Papa risque sa peau au pire, l'invalidité au mieux. Les accidents, il y en a, et on est assez humbles dans la famille pour savoir que cela n'arrive pas qu'aux autres. Et puis, on n'est pas sourds, on les entend, les sirènes qui déchirent le tympan et le cœur des femmes de mineurs. Leur bien-aimée mine, elle est sournoise. On ne la sent pas venir avec son coup de grisou, avec ses éboulements. Elle fait tout brusquement, sans laisser d'indices. Elle engloutit, elle submerge, elle brise, elle frappe à l'aveugle, en perfide. Quand elle ne détruit pas en une seconde, elle ravage à petit feu, de l'intérieur, avec sa sueur toxique, avec sa suie graisseuse qui se ventouse aux poumons. Le bruit de l'alarme retentit de temps à autre. La toux de papa, elle, est ordinaire. Quotidienne. Je l'entends le matin, sortir de la cuisine comme d'une caverne. Elle secoue mon père, déverse des éboulis dans sa gorge, lui coupe le souffle. Moi, elle me réveille, me ramène brutalement des songes au monde réel ; elle sonne comme un rappel à l'ordre. Je dois sortir de mon lit, m'habiller, enfiler mes bottes fourrées, me jeter dans le froid et attendre dans le vent gelé le bus pour l'école.

Papa, lui, ne se plaint pas. Il aime profondément ce métier qui le tue. Il le revendique, le brandit comme une médaille militaire, comme la fleur fanée d'une passion ancienne qui continue de faire vibrer le jeune homme qu'il n'est plus. Son attachement à la mine est viscéral, primordial. La camaraderie et la solidarité des copains mineurs, l'ambiance virile, l'effort physique, la conscience et la satisfaction de pousser, chaque jour, des montagnes. Peut-être aussi pour la poésie du crépuscule... Exercer un métier en voie d'extinction, qu'il pense peut-être devoir défendre jusqu'au bout. Papa le dit, le clame, il est mineur comme on est héros. Personne ne lui fera avoir honte de son métier, de lui. Sa condition modeste, il n'en rougit pas. Il a toujours nourri sa famille. Soit, il n'a pas les moyens de l'emmener en vacances, mais lui, il vient d'une époque où on ne mangeait pas à sa faim.

Papa est né en 1927 et il a connu la guerre. Il y avait un *stalag* à Stiring-Wendel et des milliers d'ouvriers lorrains avaient été contraints de donner leurs forces, leurs restes de forces, à l'effort de guerre allemand. Ils s'appelaient les « malgré-nous ». Ici, c'est toujours pareil : apparemment on n'a jamais eu le choix. Alors, on s'accommode de son sort, on fait avec et on finit par en être fier. Dès qu'on lui parle de quelqu'un de célèbre, d'important, papa dit toujours : « Et alors ? Moi, j'ai vingt-sept ans de mine, et j'étais cheminot ! » Aucun regret, aucun complexe, voilà bien mon père.

Dans le quartier où nous habitons, tout le monde est comme nous, avec un père mineur. La cité ouvrière du Habsterdick appartient à la Compagnie des houillères du bassin de Lorraine qui y loge ses employés. Sur des rues qui se coupent à angle droit, des maisons HLM s'alignent en série, identiques. Pas de jaloux, tout le monde à la même enseigne. Ce sont des maisons blanches carrées avec, par façade et par étage, deux fenêtres, une porte-fenêtre. Deux familles y vivent, une au rez-de-chaussée, une au premier. Un jardinet sépare chaque bâtisse de la rue et des petits squares avec des jeux pour les enfants marquent chaque bloc du quartier. J'y vais parfois avec Régine ou Jean-Luc, des voisins de mon âge, faire du toboggan après l'école. L'ambiance, dans le quartier, est assez joyeuse parce que tout le monde se connaît, se fréquente au travail et en dehors. Les mères se rendent des services, leurs enfants grandissent ensemble à l'ombre des cheminées d'usines et leurs maris se démènent coude à coude dans les galeries souterraines de la mine. Ça crée des liens.

Les conditions rudes, aussi. Les gens sont égaux en problèmes et en pauvreté ici. La lourdeur du ciel, les rigueurs du climat, les fins de mois difficiles, les accidents, les maladies, l'espérance de vie rétrécie par la mine et l'usine. Alors, pour compenser, on fait la fête le plus souvent possible. Et puis, on boit des coups. Les hommes surtout, ils ont la chope facile, le verre qui colle à la main. Tous les prétextes sont bons.

Et papa n'est pas le dernier avec la boisson. Son tempérament jovial, autant que la pénibilité de son boulot, l'encourage à rechercher l'ivresse. Il aime la fête, la musique, la danse. Si une piste se présente devant lui, il ne peut s'empêcher de s'y lancer, faire des prouesses. Il pratique les danses à l'ancienne, celles qui s'apprennent, la valse, le tango. Et qu'il nous a enseignées à ma sœur et à moi.

Agile et élégant, il est le roi de la piste. Il porte bien le costume et le chapeau, il a ce truc chic des acteurs des années 1950, la classe à la Clark Gable. *Autant en emporte le vent*. Mon père, quand il n'entraîne pas une voisine dans une danse endiablée, discute avec les uns et les autres sans oublier de se réhydrater. À force de trinquer et de parler, il est devenu populaire. Il est attachant en fait, mon papa. Déjà, son nez un peu rouge et l'expression triste dans ses yeux lui donnent un air de clown gai. Et puis, ses joues gonflées par ses mâchoires édentées créent un effet rigolo de personnage de bande dessinée. Son surnom est Seppy. Il est supposé porter un dentier, mais préfère le laisser dans sa poche. Et quand on lui dit : « Ce serait plus facile, tu devrais le mettre », il répond invariablement : « Ah, ces trucs-là ! »

Le cinéma, la lecture, les expositions de peinture, le shopping, sont des loisirs extraterrestres dans notre culture. On n'est pas habitués, ce n'est pas accessible du tout. On a la télé à la maison, c'est déjà énorme. Avec maman, on profite de toutes les émissions produites par Maritie et Gilbert Carpentier et des chaînes allemandes. On s'extasie devant les robes de Dalida, on se marre de l'accent de Julio Iglesias. Papa, lui, c'est le foot qu'il regarde, qu'il joue je devrais dire. Parce que les soirs de match, il n'est plus lui-même. On l'entend jusqu'à Sarrebruck, de l'autre côté de la frontière, hurler des « mais vas-y con, vas-y cours ! » qui font trembler les vitres. Lui, il passe de l'autre côté de l'écran et on a du mal à le faire revenir dans les tribunes de spectateurs. Il est du genre enthousiaste, papa.

En comparaison, maman paraît très réservée. Les sorties, les débordements, les inconnus ne sont pas pour elle. Elle préfère rester en famille où elle est à l'aise. Sa discrétion contraste avec le naturel exubérant de papa. Son plaisir, ce sont ses revues allemandes qui racontent par le menu la vie des stars et des têtes couronnées. Par le boulot de papa, elle a, pour pas cher, un abonnement autorisant des magazines au choix avec possibilité de changer d'idée en cours de route. Elle les lit lentement pour qu'ils lui durent longtemps, au moins jusqu'aux prochains. De toute façon, elle a peu de temps libre, ma mère, elle ne peut que les lire lentement au rythme où elle les a dans les mains. Elle tient plus souvent un balai, une éponge, des piles de linge que des magazines. Il y a toujours du travail à la maison, même maintenant que les grands sont partis. En plus, elle veille à ce que tout soit impeccable, rangé, propre. Ça brille à la maison. On dirait qu'elle s'attend à la visite d'une de ses idoles, comme Grace

Kelly, croisement parfait d'Hollywood et du gotha, les deux planètes dont elle suit sérieusement l'actualité. D'ailleurs, c'est la belle blonde de Monaco qui a inspiré mon prénom à maman. En allemand, « Grace Kelly » se dit « Grazia Patrizia »…

3.

Petit piaf

Les beaux jours reviennent, et avec eux, la fête foraine. La chenille qui se voit de loin, le train fantôme, les autos tamponneuses, le ball-trap, les grosses peluches roses et vertes, la machine cartomancienne, aucune attraction n'y manque. Depuis leur arrivée dans la ville hier, je suis surexcitée.

Irmgard achève le rangement de la cuisine dont elle a éteint les néons blancs aveuglants, quand elle entend, par la fenêtre ouverte, en provenance de la fête, une voix familière qui la trouble. Cette voix, grave mais fraîche, chante… Ma mère reconnaît d'abord la chanson de Claude François, puis ma voix : « Mais c'est Patti ! » dit-elle en réveillant mon père dans son fauteuil. Elle ne me grondera pas d'être partie sans prévenir, de chanter sans avertir. Elle a confiance, ce n'est pas la première fois. Et Antoine, le maître de la fête, et ses forains, elle les connaît maintenant.

Et c'est vrai qu'ils m'aiment bien, ils doivent me trouver attendrissante, unique. Ils me demandent de chanter. Je suis la gamine qui pousse la chansonnette, je suis une attraction de plus. Pour me récompenser, ils me donnent des tickets pour les autos tamponneuses ou autres manèges, des paquets de bonbons…

Au marché où nous aidons avec ma sœur à démonter les étals, nous sommes payés d'œufs et de fromage. Pour Carine et moi, c'est notre premier boulot rémunéré ! J'ai l'habitude qu'on me remercie pour ma voix avec de menus cadeaux : des friandises, des petits objets. C'est comme ça depuis que j'ai six ans… Une des premières fois, c'était au carnaval de Forbach où je suis née. Déguisée, je chantais avec les autres enfants, de porte en porte ; c'est la tradition, un peu comme la fête d'Halloween qui veut qu'on donne des bonbons aux enfants qui font la tournée du quartier. On nous gratifiait de *faserkechle*, un beignet ou d'une petite pièce pour faire un truc qui ne me donnait pas l'impression de faire des efforts, et même qui me plaisait. Les paroles, par exemple, je ne me rappelle pas les avoir apprises, la mélodie non plus. Je me suis entraînée à la maison avec un vieux tourne-disque. Je passais dessus du Sheila et du Sylvie Vartan et je chantais avec elles devant mon miroir.

Ça m'éclate, ce n'est pas du travail, plutôt de l'amusement. Ce n'est pas difficile comme d'aller à l'école, de s'ennuyer sur sa chaise dans sa petite blouse à fleurs. Je me donne en spectacle et, à mon âge, c'est un jeu. J'aime bien ma voix et surtout je fais attention à la garder grave, en bas : je redoute les aigus comme quand maman s'énerve. Souvent, on me dit : « Je ne te demande pas ce que tu veux faire plus tard : chanteuse. » Je suis à fond dans mon truc, ça doit se voir. Pas question de perdre les concours de chant quand ils s'en présentent. Et les occasions sont multiples, kermesses ou fêtes de villages. En plus, il y a la tournée des bars avec papa. Moi, je m'entraîne en grimpant sur les chaises et lui, on le récompense avec des bières à l'œil. On forme une bonne équipe, tous les deux.

Dans les concours, je suis toujours la plus acharnée à gagner, je chante avec mon cœur et je suis si motivée que j'impressionne les grands avec mon coffre. Alors que je suis maigre comme un chat écorché et très jeune, je chante comme une ronde avec de la bouteille. Pour blaguer, parfois, les gens regardent derrière moi et font mine de vérifier qu'il n'y a personne d'autre. Peu importe le prix à remporter, du moment que c'est le premier. C'est mieux parce que les lots ne sont pas toujours à la hauteur de mes espérances. J'ai remarqué que les sachets de bonbons sont ce que je peux gagner de mieux, en fait. La dernière fois, sur la place du village, ils m'ont refilé une radio orange si petite qu'il n'y a même pas la place pour les piles. Je ne m'en servirai jamais.

Là où je ne suis pas certaine de rentrer à la maison avec un trophée, confiserie ou gadget bon marché, c'est dans les bals. J'y interprète deux, trois chansons, mais ça se passe souvent de manière informelle. Je suis là, avec mes parents, et les gens me demandent comme une faveur de chanter. Et je le fais. Avec la conscience surtout de faire plaisir à papa et maman. Je vois bien le sourire radieux de maman, j'entends papa se vanter, répéter : « C'est ma fille ! C'est ma petite fille ! » En le disant, il a les larmes aux yeux. C'est un sensible, papa, il est émotif. Il pleure, mais dans les deux minutes qui suivent, il éclate de rire pour une blague qu'il a lui-même lancée. Une seule petite chose me dérange, ma robe. Elle est à ma taille, mais pas à mon goût. Le col montant me serre un peu la gorge et les volants en pagaille, sur le plastron, et en bordure, font que je me sens ridicule. En plus, ma sœur est habillée pareil, d'une autre couleur. Elle est en vert, je suis en bleu. Je n'ai rien osé dire à maman, elle les a fait faire par une couturière, spécialement pour les mariages de mes frères.

Je préfère nettement ma tenue de majorette. Je porte une jupe et des bottes blanches, une veste verte, et un chapeau assorti. Même si je me trouve plutôt jolie dans mon costume, c'est surtout pour le sport et le côté spectacle que j'ai rallié les majorettes. J'aime bien les claquettes et la gym qui vont avec. J'ai besoin de bouger, de muscler mon corps, de faire du sport.

Comme ma sœur, j'ai intégré la troupe des Pax, les majorettes de Stiring-Wendel. Dès qu'il se produit un événement dans la ville, sportif, musical, institutionnel ou autre, nous sommes appelées à défiler dans les rues au rythme des tambours avec nos bâtons métalliques. On ne se contente pas de marcher en cadence. On effectue des chorégraphies très étudiées, on fait des pas de danse. C'est physique et il vaut mieux être agile. Comme je suis passée capitaine des minis, je dois diriger mon groupe, montrer la ligne à suivre, les changements de cap, la partition de la parade en quelque sorte. Il m'arrive aussi de chanter dans la troupe, mais c'est plutôt rare. Pour que j'enfile ma tenue verte et que je sorte rejoindre les Pax, inutile de me prier. Même les matins où le gel fait glisser les rues, où le froid tente de me paralyser malgré le papier journal dans lequel je suis enroulée. Quand il fige mon sourire et transperce mes collants trop fins, je suis motivée, fière d'être une Pax majorette.

D'ailleurs, je suis identifiée comme telle. Maintenant, quand je donne un petit concert, on peut lire sur les affiches « avec la participation de Paddy Pax ». « Paddy », ça vient de « Pat », diminutif de Patricia. La première fois que j'ai vu une affiche, j'étais à la fois fière et morte de rire. Un nom de scène, mais quel nom de scène !

Autrement, j'apparais à côté du nom des groupes dans lesquels je chante. Rapidement, j'ai fait partie de petites formations avec des mecs de mon quartier ou avec des copains à eux. On se rencontrait par le voisinage et on se débrouillait pour faire des concerts dans les fêtes de la région. J'ai comme ça été la voix des Black Flowers, d'Erick Bernard, des

Méphisto, des Bebop de ville... On répète, on pose des affichettes chez les commerçants, on essaie de se produire où on peut, on profite des fêtes locales comme celle de la bière. À la fin du mois de septembre, dans les villages allemands et frontaliers, le maire tire la première bière de l'année et la goûte. Ensuite, tout le monde l'imite et les chopes commencent à circuler. Pendant quinze jours, on boit à la santé de ce que l'on boit, le houblon ! Un cadre idéal pour nous, artistes en herbe.

En dehors de nos nombreuses prestations, nous nous voyons souvent pour répéter. On s'est spécialisés dans la variété. Ça remplace les cours de chant ou de musique qu'il n'est financièrement pas envisageable que je prenne. Plus je chante sur scène et en dehors, avec les groupes, plus j'apprends. Pas la technique, ça, je ne la maîtriserai jamais, volontairement. À émettre n'importe quelle note, à moduler ma voix, à l'adapter à ce que j'interprète, à la pousser quand il le faut. Ma grande victoire est de savoir interpréter une chanson dont on dit qu'elle est difficile, « New York, New York ». Je ne suis pas Liza Minnelli, mais je crois que je m'en sors.

Mieux qu'à l'école en tout cas. Je n'ai rien contre le collège mais je crois que je m'ennuie, j'ai l'impression diffuse que je n'ai rien à y faire. Je me sens comme déplacée, immigrée en terre étrangère. Je n'ai rien non plus contre mes enseignants, ni eux contre moi, mais ils me paraissent lointains. Comme je ne suis pas rebelle, je ne pose pas de problème aux profs qui me rendent, pour la plupart, mon indifférence. Sauf un, dont j'ai souvenir, qui m'aimait bien : un prof de maths, M. Muller, qui communiquait un peu plus avec moi que les autres. Pourtant, il terrorisait tout le reste de la classe avec ses sourcils épais et son air strict. À moi, il donnait du « Mademoiselle Kaas » et ne m'embêtait pas.

Bref, je ne suis pas fan de l'école et quand, le matin, je visualise la longue journée à y passer, je suis abattue. Je regarde l'horloge de la cuisine en buvant mon chocolat, je ferme les yeux sous le blanc aveuglant des néons et quand je les rouvre, j'espère voir les aiguilles indiquer l'heure du goûter, je voudrais qu'elles aient tourné plus vite, qu'elles aient bousculé le temps. Mais non, on est toujours le matin, il faut toujours que je me lève, m'arrache à la cuisine et aille prendre mon bus dans lequel il ne se passe rien non plus. Sauf ce jour-là.

Michaël, c'est un grand, assez baraqué pour faire le meneur. Comme il s'amuse à cracher par la fenêtre sur un vieux monsieur qui passe dans la rue et que je trouve ça nul, je me permets de le lui dire. Comme il n'apprécie pas ce qu'il considère comme de l'insolence, il m'attrape par les cheveux et me fait valser dans les strapontins. Facile pour lui. Il fait le triple de moi. Je m'en sors bien, finalement, avec quelques égratignures. Heureusement pour moi, il s'est arrêté là ! En rentrant à la maison, j'étais fière d'avoir voulu défendre une personne âgée et convaincue que ma mère me féliciterait pour cet acte de bravoure. Mais je me suis fait engueuler. Elle m'a reproché d'avoir voulu faire la maligne, de m'être attaquée à plus fort que moi. Et elle m'a fait promettre de ne pas recommencer.

4.

À l'école du dancing

Il reste la boule à facettes pour apercevoir les détails. Dans cette pénombre qui favorise les rapprochements, avec les spots, la fumée de cigarette et la fatigue, j'ai du mal à voir ce qu'il se passe dans la salle. Je distingue, par éclats colorés, une main sur une hanche, des lèvres qui se rejoignent, un bras saisissant une taille. Des dizaines de couples ou de futurs couples dansent sur la piste, enlacés, séparés, excités ou désespérés. Je les vois sans les voir. Eux, ils ne sont pas là pour me voir. Je chante pour les faire danser. Ils sont venus se faire aimer. Nous sommes dans un endroit où les gens viennent se détendre le soir, faire des rencontres, boire un verre, le tout dans une ambiance chic et discrète. En Allemagne, à Sarrebruck, à la *Rumpelkammer*. Les femmes portent des chemisiers en soie à manches bouffantes, des robes noires à paillettes et des combinaisons-pantalons violettes. Les hommes portent des cols trop pointus sous des pulls en V. Moi, j'ai treize ans.

Je chante là le samedi, de temps à autre, grâce à Dany : il venait y faire la fête et il a vu que la *Rumpelkammer* organisait un concours. Il m'a inscrite alors que j'étais beaucoup trop jeune pour y participer. Et j'ai gagné. Alors, les patrons du lieu, qui sont aussi les musiciens du groupe Dob's Lady Killers, m'invitent à chanter avec eux. À partir de cet instant, je deviens la chanteuse de leur formation et je le resterai pendant sept ans. Je touche à chaque fois 50 Deutsche Mark, ce qui me réjouit. Ce qu'on me demande à la *Rumpelkammer* n'est pas très compliqué : il faut faire danser les gens, enchaîner les tubes allemands, français, américains. Ne pas oublier les slows après les moments de déchaînement. J'aime bien être sur cette scène. Même si ce n'est pas encore ma scène puisque les gens ne sont pas là pour moi : nous sommes seulement un décor sonore pour ceux qui boivent un coup, draguent ou dansent.

Évidemment, à première vue, un night-club n'est pas un lieu pour une fille de mon âge. Surtout que celui-ci est fréquenté par une clientèle de trentenaires et quadragénaires. Ce n'est pas une heure non plus. Je suis debout à des heures où les adolescentes, normalement, dorment depuis longtemps. À la *Rumpelkammer*, mes copines n'auront pas le droit d'entrer encore pendant quelques années. Même si maman m'accompagne toujours, elle ne peut pas me garder de ce que je vois : le monde des adultes.

Pour les filles de mon âge, toutes un peu monomaniaques, les deux sujets de prédilection sont les garçons et les premières clopes. Le moindre signe d'intérêt ou de désintérêt de la part d'un mec alimente d'interminables et fastidieuses conversations. Moi, ça ne me passionne pas. Peut-être le spectacle des grands qui s'enlacent m'éloigne-t-il des préoccupations de mes copines. Peut-être aussi que je ne passe pas assez de temps avec elles. Je suis très prise. Entre la *Rumpelkammer* et tous les concours auxquels je participe dans la région, mes années d'adolescence courent trop vite. Je n'ai pas le temps de rêver, d'attendre, d'espérer le prince charmant. Je n'ai pas ce temps de latence, ce temps suspendu de la jeunesse, ces trop longues heures à imaginer sa vie, à trépigner d'y entrer. Moi, j'y suis déjà.

Et j'ai un amoureux, il s'appelle Christophe, il est très mignon. Il a tout pour lui si ce n'est ma mère. Sur le sujet des flirts, maman n'est pas ce qu'on peut appeler une mère cool. Elle est de cette génération pour qui le mariage reste une valeur absolue et, surtout, une condition nécessaire à tout contact charnel. À l'ancienne ! On n'aborde pas la question, parce que ça ne se fait pas. En plus, on est pudique dans la famille. Ce qui touche l'intimité se tait. Donc, maman n'est pas à l'aise pour parler de cela, mais elle me fait comprendre ce qui est souhaitable ou pas.

Christophe, au bout d'un moment, elle est bien obligée de l'accepter. Il est là, derrière la porte, autant le laisser rentrer. Il se trouve qu'il est poli, de bonne famille et puis avenant. Elle connaît ses parents. Mais quand même, maman vérifie. Je dois regagner la maison à l'heure dite, tôt, j'ai interdiction de découcher. Les règles restent strictes. Et je n'ai pas intérêt à les oublier.

Maman me protège, elle a tendance à me surveiller de près, à être parfois trop dominatrice. Les garçons nous ont un peu séparées, maman et moi. Avant, je ne lui cachais rien. Elle savait tout de moi, mon emploi du temps, mes envies, mes regrets, mes rêves. Maintenant, je dois garder le silence sur deux ou trois choses irracontables à sa mère. C'est légitime et pourtant, ça m'embête, j'ai tendance à culpabiliser.

Avant, le week-end, on allait se promener toutes les deux. On rendait visite à la famille Schmitter dans le Rhinland, le parc d'attraction qu'elle tient à Plobsheim, à côté de Strasbourg. Ils ont un bel étang sur lequel on peut faire du pédalo. Leur fille est ma copine et j'ai eu, à un moment, un faible pour son frère. Là-bas, il y a souvent des petits concours de chant et c'est là que j'ai trouvé Sindy, mon premier chien. Le dalmatien que papa m'a offert.

Ma mère est ma meilleure amie, ma confidente. Elle me protège des autres adultes et m'encourage dans ma vocation, me soutient toujours dans l'adversité. Elle est sûre que j'ai un don, que ma voix grave et puissante peut se comparer à celle de Piaf, qu'un miracle va se produire pour moi, l'enfant d'un pays sans miracles. Quand je chante quelque part, elle est là, dans l'ombre, avec sa foi. Elle se délecte des commentaires que les gens font sur moi dans le public, elle les écoute dire : « Elle a une voix », mais ne les entend pas toujours ajouter : « Il faut qu'elle arrête de rêver, avec sa fille ! »

Je sens qu'elle me regarde intensément, comme on fixe un espoir de peur qu'il ne s'éclipse. Je sais ce que je représente pour elle. À Stiring-Wendel, les perspectives se ressemblent toutes : il y en a peu. Pour maman dont l'existence n'est pas simple, pour elle qui n'est jamais allée plus loin que Sarrebruck, je suis un bord de mer.

Avec moi, elle dépasse son horizon et fait son premier voyage. À la mauvaise saison, en automne, au mois d'octobre. J'ai seize ans et j'ai gagné un concours de chant organisé par une boîte connue dans la région, le *Kit Kat*. Ce qui me donne droit à une croisière en Europe, et, à mes proches, celui d'en profiter en tarif réduit. Maman peut donc m'accompagner et elle a proposé à Hilde, une voisine, de se joindre à nous. Nous trépignons d'impatience dans les jours qui précèdent notre périple. Très enthousiasmant de partir quand on ne l'a jamais fait, sur la mer qui plus est. Nous, la mer, on ne connaît pas. Ce n'est pas que je sois une mauvaise nageuse mais l'eau est souvent trop froide, or je suis frileuse. Pas habituée en somme.

Le paquebot est très beau, le batteur du groupe et le capitaine aussi, les cabines sont confortables et les pays proposés, ceux de l'Europe du Sud et d'un bout d'Europe de l'Est, magnifiques. Sauf que nous ne voyons rien. Nous sommes bien trop malades pour cela. Le bateau est luxueux, les repas délicats, les menus incroyables mais le mal de mer nous rend sourdes, muettes et aveugles. On nous sert des langoustes dont l'œil morne me soulève le cœur, ou du saumon cru qui a beaucoup trop l'air d'être mort. Autant de plats que nous ne regrettons pas de ne pas avoir connus plus tôt. Sur le pont, il fait un froid de gueux, et la mer, grise, bleu marine ou noire, fait sa mauvaise tête. Elle se plisse, grimace et crache son écume blanche. Les nuages courent dans le ciel au-dessus de nous, à une vitesse vertigineuse qui renforce mon envie de vomir devenue incontrôlable… La croisière ne s'amuse pas, elle souffre. Je me sens faible, ma peau a pris des teintes vert-jaune. Je voudrais me coucher, mais je ne peux pas, je dois chanter. Rien n'est gratuit dans la vie. J'ai déjà gagné ce voyage, mais je le paie une deuxième fois. En temps normal, mer calme et bonne santé, ça ne me dérangerait pas de pousser la chansonnette tous les soirs. Mais là, c'est un calvaire.

Avec une autre victoire à un concours, j'ai l'occasion de rattraper le désastre de la traversée houleuse. Le cadeau, cette fois, c'est un séjour tout frais payé dans le sud de la France, à Nice précisément. Ça nous change, le ciel bleu, la mer, du vert foncé, des gris de Moselle. Pour maman, c'est ça, la *dolce vita*. En soi, Nice ne l'intéresse pas. Une autre ville à proximité est l'objet de ses fantasmes : Monaco. En tant que fan de Grace Kelly, elle vibre à l'idée d'aller faire un tour dans la cité princière, humer l'atmosphère d'une histoire qui la fascine. Les yachts, les limousines, les lunettes de soleil qui prennent la moitié des visages, les chapeaux larges qui protègent faussement d'éventuelles faillites. Tout ce qui se balade sur le Rocher sent le liquide. Je ne les envie pas, ces riches que nous venons narguer de notre simplicité. Pour moi, ici, c'est un autre monde, qui ne me plaît pas vraiment mais j'adore voir maman heureuse.

5.

Les halos de la ville

Cette fois, à Paris, il faut chanter sans musiciens, sur une bande-son. En arrivant tout à l'heure, je leur ai donné la cassette. Avec mon groupe, les Dob's, on l'a enregistrée en catastrophe, avec les moyens du bord. Derrière la vitre du studio, dans l'ombre, je discerne des silhouettes. Je sais qu'il y a Joël Cartigny que je rencontre alors et d'autres gens de la maison de disques, Phonogram, qui organise l'audition. C'est par Bernard Schwartz, un architecte qui m'a repérée à la *Rumpelkammer* que j'ai l'occasion d'y participer. Il n'a aucune connexion dans la musique mais sa foi en moi lui fait déplacer des montagnes. De fil en aiguille, il devient mon agent.

Nous sommes en 1985, le titre de Rose Laurens, « Africa », fait un carton sur les ondes, c'est le titre que j'ai choisi. Je viens de finir de l'interpréter quand j'entends alors une grosse voix me dire : « Vous n'avez pas autre chose ? » Ce n'est pas la première fois qu'on essaie de me déstabiliser, alors je ne me laisse pas démonter. Justement, si, j'ai autre chose. J'ai prévu un bonus, au cas où il faudrait un argument de plus pour convaincre mon auditoire, une chanson dont la difficulté me permet de faire la démonstration de mes capacités vocales. C'est « New York New York ». Elle fait de l'effet, cette chanson. À les entendre, les messieurs du jury, on ne dirait pas. Ils douchent mon enthousiasme d'un « Merci. C'est tout. On vous appellera. » Je quitte le studio et je rentre chez moi, déçue.

Les jours défilent et moi, j'oublie cette audition. J'en passe d'autres dans des maisons de disques allemandes, dans l'espoir de sortir un disque. Parfois, ça m'énerve. Parce que j'ai l'impression que tout est faussé et qu'il faut avoir les bonnes relations pour y parvenir. Parfois, j'en ai la preuve. Un jour, à Nuremberg, à une audition, on m'a demandé de n'être pas trop convaincante pour laisser gagner une fille qui avait été sélectionnée pour représenter l'Allemagne à l'Eurovision.

Pas besoin de disques pour continuer à faire ce qui est devenu, très naturellement, mon métier. À la *Rumpelkammer* où je me produis depuis presque sept ans, je me plais bien. On me fait souvent des compliments. On trouve que, pour un petit oiseau, j'ai un sacré souffle. On me dit « émouvante », on qualifie ma voix de « puissante ». On s'étonne que je sois si fragile et si blanche de peau avec une telle voix. J'ai souvent droit à la même plaisanterie : « Avant de te voir, quand je t'ai entendue, j'ai imaginé une Aretha Franklin ! » Le décalage amuse ou dérange. Je n'ai plus à monter sur une chaise maintenant que je suis grande, mais je demeure disproportionnée à ma voix. Je suis devenue une jeune fille, un peu décalée pour son âge, à point pour son histoire. Qui se présente sous les traits d'un monsieur, quadragénaire, bel homme et distingué qui se nomme François Bernheim. Depuis les années 1960, il est très actif dans le milieu de la musique. Il est compositeur et producteur, une référence. Une pointure qui a entendu parler de moi, en bien, par les ombres un peu sèches de mon audition à Paris pour Phonogram. Comme l'enregistrement qu'il a entendu ne suffit pas à fonder son opinion, il se déplace. En Allemagne, il vient m'écouter à une fête de la bière, sous un chapiteau.

Moi, je ne le vois pas, je ne sais pas qu'il est là, je ne sais même pas qui c'est. Je fais comme d'habitude. Je chante avec toute ma force, tout le grain de ma voix un peu rocailleuse, chauffée par des heures de chansons, brute, sans technique et sans vocalises. À mes yeux, ce soir est un samedi comme les autres. Aux yeux de François Bernheim, il se passe quelque chose d'important. Comme une révélation. Une intuition, des années d'expériences lui font penser que je pourrais être une grande, une star. Cette idée, il ne la trouve pas au fond de son verre, mais sur scène, je la lui donne.

Il est convaincu de mon talent. À ma mère et moi, il fait l'éloge de ma voix et annonce qu'il compte user de ses nombreuses relations dans le métier pour que je fasse carrière. Il a l'air sincère et décidé. Mais je demande à voir. Ce n'est pas la première fois qu'on me tient le discours du don à mettre en lumière. Ils sont souvent agréables, pas toujours bien intentionnés. Du « Vous avez une voix absolument exceptionnelle » à « J'aimerais beaucoup vous connaître de plus près », il n'y a qu'un pas trop souvent franchi. Mais je ne suis pas dupe. Je chante dans des endroits nocturnes, donc pas toujours bien fréquentés. Je sais reconnaître un regard libidineux, un geste déplacé, une voix qui se baisse pour se mettre au niveau de ce qu'elle va exprimer. Je les vois venir, les pervers, les salauds, les rusés. François Bernheim n'est pas de ceux-là.

En rentrant à Paris où il habite, il passe un coup de fil à son pote Gérard Depardieu pour qu'il mette de l'argent dans un disque. L'acteur cherche justement à faire des investissements, entre autres dans la musique, le milieu dans lequel sa femme, Élisabeth, parolière, évolue. C'est par elle que Depardieu et Bernheim se connaissent. Élisabeth Depardieu écrit des chansons avec François. Ils en ont une qu'ils ont cosignée avec Joël Cartigny et qu'ils peuvent me donner. Elle s'appelle « Jalouse ». Ce sera mon premier 45 tours.

*

Faire un disque, c'est un aboutissement logique pour moi, une manière de porter ma voix plus loin que la Lorraine. Ma petite réputation locale m'assure l'exercice de mon métier. Moi qui n'ai rien vu en dehors de chez moi, je suis prête à faire du chemin sur des sentiers inconnus.

Bernheim, Depardieu, Paris, tout ça, c'est chic, c'est flatteur, lumineux, séduisant. Un peu inquiétant aussi. En discutant avec un homme comme Bernheim, je sens confusément ce qui nous sépare, la distance réelle, culturelle. Il s'exprime bien. Il semble à l'aise dans toutes les situations. Il sait toujours de quoi on parle, cite des films, des livres, des albums, des photographes. À l'inverse, moi, je suis pleine de complexes et de retenue. D'abord, je me trouve maigre et blanche, pas jolie. Et puis, j'ai cet accent de chez moi, cette trace de l'Est, ce drapeau lorrain planté dans mes phrases. Alors, quand je parle, je ne vois que lui. À Paris, je les entends pratiquer l'autre français, le beau, le fluide, l'institutionnel, le lisse. Le national. Je dois le copier, le faire mien, le mettre dans ma bouche artificiellement. Pas évident en quelques mois alors que, pour l'instant, je ne fais que des allers-retours. La solution, je l'ai : je parle le moins possible. Le silence m'abrite, m'empêche de me trahir, moi, mon ignorance. Non seulement j'ai un accent à couper au couteau, mais j'ai quitté l'école en troisième. J'ai des manques dans certains domaines. Mon terrain d'apprentissage est ailleurs, c'est la vie. Il me semble plus grand, plus intéressant, plus accidenté aussi. Ma culture, ce ne sont pas des dates, des faits, des gens morts et enterrés, mais le réel, le public bien vivant, la scène.

Chez moi, ça ne se fait pas de se « cultiver ». Des livres, à part de cuisine, il n'y en a pas à la maison. Je ne vois jamais papa bouquiner. Dans nos mœurs à nous, il y a notre joie simple d'être ensemble. Le reste n'existe pas. Notre histoire, pas l'Histoire, cette espèce de compilation de la vie des autres avant nous.

À Paris, je suis dépaysée, déracinée. J'ai beau avoir dix-neuf ans, je suis totalement immature et pas du tout autonome. Reliée à maman, toujours, en toutes circonstances. Je n'ose pas faire un pas si elle n'est pas là, si son regard protecteur et aimant ne se pose pas sur moi. Or, maintenant, elle ne peut plus être avec moi tout le temps. Je suis souvent seule, avec François pour me chaperonner, mais ce n'est pas pareil. Il n'a pas ses pleins pouvoirs, même s'il commence à m'être familier.

« Jalouse » s'inscrit bien dans le courant pop de l'époque. Nous sommes en plein pic Jeanne Mas avec sa « Toute première fois », Étienne Daho a sorti le tube « Tombé pour la France » et Goldman l'enchanteur règne sur les ondes, les années 1980 atteignent leur apogée. Et la lutte pour obtenir le premier prix d'efforts capillaires fait rage ! La mode appartient aux cheveux et les coupes rivalisent d'excentricité... Et de ridicule : du gel, du volume ou de la surface, du frisé ou du raide dur, de la banane, de la nuque longue. Montre-moi tes cheveux, je te dirai qui tu es. Se coiffer est maintenant aussi obligatoire que s'habiller. Et porter le cheveu nu, ça ne se fait pas. On imite Isabelle Adjani et sa crête dans *Subway* ou Madonna et son crêpage décoloré dans *Recherche Suzanne désespérément*. Avec les Depeche Mode, elle partage les chaînes portées autour du cou comme le signe d'une époque industrielle qui enchaîne les travailleurs. La culture se veut populaire, c'est la masse qui a le pouvoir de produire. La mode vient de la rue, des punks, du métro, et elle y retourne avec sa pop synthétique et ses titres de variété engagée. Renaud pisse sur Thatcher dans « Miss Maggie », Balavoine célèbre « L'Aziza » et, finalement, devant tant de chômage et de pauvreté, Coluche décide de monter les Restos du cœur.

L'espoir de 1981 paraît bien loin maintenant. On résiste comme Rocky contre la morosité ambiante, les affaires sinistres, la mort du petit Grégory et le drame du Heysel. L'époque est glauque, grise, la mode le traduit. Les vêtements ont l'air d'avoir rétréci, les mollets se découvrent en même temps que le nombril ou les jambes sous les minijupes, les spencers cassent les silhouettes et le teint se porte livide.

*

François et Bernard Schwartz se concentrent sur la sortie du 45 tours et se réjouissent des invitations programmées dans les médias. Ils font fonctionner leurs relations et mettent en avant la caution de la notoriété de Gérard Depardieu. Le fait d'être produite par la star m'ouvre *a priori* des portes. L'acteur est déjà un monstre sacré du cinéma : il a derrière lui une bonne série de films.

Mon père, lui, n'a jamais entendu parler de Depardieu. Je lui annonce qu'il va le rencontrer. Je ne suis même pas sûre que, pour papa, acteur soit un métier. J'essaie de lui expliquer, je lui parle des acteurs de sa génération comme Gabin pour qu'il comprenne l'importance du monsieur en question. Je voudrais qu'il ait à l'esprit que c'est un honneur de dîner avec Gérard Depardieu et qu'il faut veiller à bien se tenir. Je n'ai pas honte de papa. Je crains seulement qu'il soit un peu trop familier, un peu trop gai, un peu trop spontané. Il me sort son slogan habituel : « Ben moi, je m'appelle Joseph Kaas, j'ai vingt-sept ans de mine, et avant, j'étais cheminot ! »

Il a raison, il n'a rien à prouver, rien à montrer. Il a déjà prouvé, mais dans l'ombre. Son boulot, il le fait dans une obscurité aussi mate que la lumière des projecteurs sur la star est brillante. Leurs univers s'opposent. La rencontre se passe dans celui de Depardieu, à Paris, dans le VIIe arrondissement, dans un bistrot franchouillard devenu une institution, *D'chez eux*. Un cadre avec des nappes à carreaux rouges bien choisi pour papa, de toute façon à l'aise. Sa tête doit amuser Depardieu, sa gouaille et ses réactions brutes. Heureusement, au menu figurent les escargots, plat déterminant sans lequel mon père ne peut atteindre la félicité dans un restaurant. Ce soir-là, on lui apporte une belle assiette dont il se régale et qui, certainement, influe sur sa bonne humeur. Le vin aidant aussi, mon père sourit sur le trottoir de l'avenue Lowendal. À sa tête, j'ai la confirmation que le dîner s'est bien passé.

*

Je vais chanter à la télé demain. La promo du disque commence. La fin du décompte, on y est. « Jalouse » sera disponible demain. Moi aussi, pour le succès. Je repense à Forbach, à notre maison, à maman. Je me rappelle ceux que j'admirais sur le petit écran ou à la radio, et je prends conscience que, demain, c'est mon tour. Je l'ai attendu sans l'attendre. Je m'y suis préparée surtout, depuis longtemps. On me maquille, un peu trop, on me coiffe la tignasse châtain clair permanentée qui me cache à moitié le visage, j'enfile mes vêtements qui varient, en fonction des plateaux, du petit spencer noir à motif doré et jupe noire moulante courte, avec gants en cuir, à la combinaison-pantalon blanche avec épaulettes. J'ai l'air d'avoir trente ans. On me pose des questions auxquelles je réponds timidement. On m'écoute chanter. Hors caméra, les présentateurs me félicitent, me promettent un avenir glorieux.

François Bernheim joue la carte du parisianisme pour me lancer. Il m'emmène avec lui dans des soirées mondaines, à des fêtes privées, chez *Castel*. Il me présente, fait mon éloge, me montre à qui pourrait pousser mon disque et ma carrière. On est poli avec moi, on est correct, parfois seulement un peu collant. Mais je ne suis pas dupe. Je sens les regards sur moi qui m'examinent. J'entends les questions derrière moi : « C'est qui, celle-là ? » Je ne peux que prêter le dos à leur curiosité malveillante, à leur dédain. Je suis une provinciale, une fille de pauvres, et ça se voit. Je parle mal leur langue, j'ignore leurs codes. Je commets des fautes de syntaxe, des fautes de goût. Et quand je vois les images de mes prestations télé… au secours ! Ma bouche surtout, quand je chante, ce n'est pas beau. Les critiques, eux, me reprochent de ne pas ressembler à ma voix. Trop jeune, trop frêle pour un timbre si profond, qui paraît sortir de la terre des champs de coton. Gênant, estiment-ils.

Le titre ne décolle pas. « Jalouse » reste confidentiel et ne se vend pas. J'ai dans la bouche un petit goût d'échec. François Bernheim essaie de me rassurer, me soutient que ce n'est que partie remise, qu'il faut être patient sur la voie des étoiles. Qu'il va me trouver très rapidement la chanson appropriée, celle par qui opérera la magie. Pour l'instant, je suis un peu déçue.

Mais pas résignée. J'ai l'instinct de survie, l'envie de réussir pour maman, pour ma famille, pour ma région. Je ne peux pas m'arrêter là, maintenant que je connais Paris, que j'ai surmonté ma peur de déplaire. Je ne ferai pas marche arrière. Et c'est à Didier Barbelivien que François Bernheim pense en premier, l'homme qui a écrit pour les grandes voix des dix dernières années... Je l'ai croisé deux ou trois fois avec François, je l'ai trouvé aimable. François lui dit que j'ai vraiment besoin d'une bonne chanson. Que s'il en a une qui traîne dans ses tiroirs, s'il avait la gentillesse de me la prêter, que c'est urgent. Il faut que je réussisse maintenant. Avant, je n'étais pas pressée, je suivais mon chemin tranquillement. Maintenant, le temps compte. Maintenant, maman est malade.

Je viens de l'apprendre. Nous étions avec maman chez Egon, dans son bar, le *Royal Pub*, un énième lieu que mon frère s'est amusé à racheter et à redresser. Nous étions bien tranquilles à boire un café, à féliciter Egon tout content de nous montrer sa nouvelle acquisition. Tout allait bien, l'ambiance était plutôt enjouée comme chaque fois que quelques éléments de la famille Kaas sont réunis. On n'oubliait pas de se moquer d'Egon et de sa folie des bars. Mais, cette fois, maman ne riait pas de nos bêtises, ne se réjouissait pas de voir mon frère, fier et léger, derrière son bar.

Elle fait sa tête des mauvais jours. Elle ne dit rien, mais ça ne nous inquiète pas, connaissant son tempérament introverti. Puis elle nous prévient qu'elle va dire quelque chose d'important. Et c'est là qu'elle lâche la bombe à fragmentation qui, en moi, produit l'explosion. « Je suis malade, j'ai un cancer. Il me reste peut-être trois mois à vivre, peut-être plus… »

Elle paraît trop sérieuse pour une mauvaise blague. Elle nous aime trop pour ça. Elle ne joue pas avec les choses graves. Non, elle vient juste de nous livrer une information. Tout bêtement, ni plus, ni moins. Une information objective, neutre, implacable. Inaudible. Invraisemblable. Ma mère n'a pas le droit d'être faible, d'être malade, d'être mortelle. Elle n'est pas là pour ça, elle est censée nous protéger, m'aimer aussi longtemps que j'en aurai besoin. Comme une montagne, comme un support inoxydable, elle ne peut pas mourir. Les superhéros, ils meurent, eux ? Alors pourquoi maman ?

6.

Vous êtes tous majeurs...

Pas de justice.

D'abord, maman est jeune encore. Même pas soixante ans, cinquante-cinq pour être précise. Ensuite, maman est libre. Elle peut profiter de la vie après avoir laissé la vie profiter d'elle. Elle nous l'a dit : « Vous êtes tous majeurs… Maintenant que je vous ai élevés, je veux prendre du temps pour moi, pourquoi pas voyager. » C'était un bon projet, c'était bien, c'était juste.

Mais non.

Pas de justice.

Je la regarde nous asséner la nouvelle et je la vois, d'un coup, la maladie. Qui tire les traits de son visage, qui la blanchit, qui lui donne ces cernes-là que je ne lui avais jamais vus, même quand elle s'épuisait à nous élever. Je la regarde et je me rappelle que, ces derniers temps, elle se plaignait. Du ventre surtout. Je l'entendais dire : « Tiens, j'ai mal ici, et là »… Elle n'allait pas chez le médecin pour autant. Chez nous, le médecin, c'est un copain qu'on fréquente au bistrot, avec qui on boit des coups au bal du village. Pour nous, il n'est pas médecin, on évite soigneusement de le voir autrement qu'en homme. Les médecins existent pour inventer les maladies. C'est comme ça que la génération de mes parents, notre milieu social envisagent les cabinets médicaux, comme des lieux de perdition.

Comme les douleurs perduraient, elle a fini par consulter. Un peu tard, auraient-ils dit. Et les résultats des analyses ont tranché, révélé l'inacceptable. Un cancer. Des ganglions pour commencer et plus, si affinités. Une vraie merde généralisée.

Je voudrais qu'elle efface ce qu'elle vient de dire dans le bar de mon frère : Je n'ai pas le choix : la seconde d'après, je reprends espoir. Papa survit à la mine, maman ne peut succomber à une petite maladie. Je me dis qu'avec tous les progrès faits par la médecine, la résistance incroyable de ma mère, les rayons de mon succès frémissant, l'amour dont nous allons l'entourer, elle échappera à la prédiction. Rien n'est irréversible, sauf la mort, et tant qu'elle n'est pas là… Moi, je crois aux miracles puisque je crois à la vie. Tout ça, je me le dis à cette seconde et je vais me le raconter encore mille fois, chaque fois que j'en aurai l'énergie.

Nous mettons quelques jours avant de pouvoir revivre, faire semblant, penser à autre chose ou faire croire que, jouer le jeu. La vie continue. Elle est là, maman est là, malade et très fatiguée, mais elle est là.

Je parle avec Didier Barbelivien et lui dis : « J'ai besoin d'une chanson, vite. » Je ne lui donne pas tous les détails mais je lui confie l'essentiel : que ma mère va mourir.

Sur le moment, il n'a rien à me donner mais il m'entend et se montre rassurant. Il me rappelle. Il a bien une chanson qu'il n'a pas réussi à placer, refusée plusieurs fois. Elle s'appelle « Mademoiselle chante le blues ».

Je l'enregistre et je croise les doigts. La réussite, non seulement je l'attends, mais je l'exige, je l'appelle impérieusement. Ça va marcher.

Le titre de Barbelivien et Bob Mehdi est le bon. Et un sorcier s'en empare qui le transforme pour le couler dans ma bouche. C'est Bernard Estardy, un arrangeur et producteur. Ce monsieur est riche de plusieurs surnoms dans la profession, on l'appelle « le Baron » parce qu'il est un aristocrate de la musique, un seigneur, ou « le Géant » à cause de sa taille impressionnante. Il change tout ce qu'il touche en or. Il a la grâce. Il me voit, il m'entend, il prend « Mademoiselle chante le blues » et le corrige, le modifie, l'adapte pour moi. Bon rythme, bonne tonalité, un mélange de variétés et de blues, il trouve la chair de la chanson. Grâce au Géant, je la fais mienne. Mais l'histoire n'est pas si facile.

D'abord, le Géant, s'il réussit à ma chanson, à moi, il fait peur. Ensuite, à la sortie en avril 1987, « Mademoiselle » ne prend pas. Les programmateurs radio jugent le titre pas assez commercial. Ils rechignent à le passer, mais finissent par s'exécuter sous la pression. Surtout, comme les auditeurs apprécient, les radios s'inclinent et commencent à passer souvent « Mademoiselle... » Et le single accroche et fait le tour des ondes. Il circule partout, tombe dans toutes les oreilles. « Mademoiselle chante le blues » est le succès que j'attendais. Ma maison de disques, Polydor, me donne les chiffres de vente du 45 tours, je n'en reviens pas. J'atteins la barre des 400 000 exemplaires ! Les invitations se sont mises à pleuvoir. Pas un média qui ne veut m'accueillir. Ils savent tous maintenant d'où je viens, que je suis fille de mineur, franco-allemande, que je chante depuis plus de dix ans des deux côtés de la frontière. Je suis consciente que, pour eux, c'est une bonne histoire à raconter, qu'elle touche les gens. Ils ouvrent la porte à mon destin autant qu'à mon talent.

Je cours d'émissions radio en plateaux télé. J'ai à peine le temps de me changer, d'être avertie de ce à quoi je participe. Je suis entrée dans un mouvement perpétuel, étourdissant. Je me laisse entraîner, je ne réfléchis pas, je ne vois pas les détails du tourbillon.

Bien qu'un peu aveuglée par ce qui m'arrive, lui, je le vois. Cet homme, je suis sûre de l'avoir déjà croisé dans les couloirs des radios. Il est grand, brun, élégant. Il semble réservé. Son sourire est charmant, j'aime bien la manière dont il me regarde, avec une étincelle dans l'œil. On me le présente, il s'appelle Cyril Prieur, il est manager de groupes qui cartonnent comme Niagara ou Raft avec le titre « Y a qu'à danser ».

Les quelques Parisiens que j'ai fréquentés attirent plus mes complexes que mon attention. Là, c'est différent. Notre histoire d'amour commence, elle ne s'arrêtera jamais vraiment. Il prend vite sa place dans ma vie et dans le cœur de ma famille. Il s'entend très bien avec maman. Elle lui a ouvert les bras et depuis, ils se parlent avec les yeux, ils se font confiance. Il la rassure et me soutient dans ma douleur de plus en plus aiguë.

Ça ne se voit pas à la télé, ça s'entend dans ma voix qui est plus mûre, plus rugueuse encore. Je suis malheureuse comme je ne l'ai jamais été. Chaque jour qui passe me déchire un peu plus. Maman est malade. Très malade. Elle résiste, elle se bat, elle survit pour en voir un peu plus, elle veut être plus forte que la machine de mort qui la broie pour profiter un petit moment encore... La fin rôde, qui habite ma voix. Mademoiselle ne profite pas du succès, ce n'est plus une fin en soi, c'est un moyen de faire plaisir à maman.

Depuis que je sais, j'ai une double vie. Derrière le rideau de ma petite gloire, une ombre plane qui me gâche tout, qui remet le succès à sa place, qui en gâche l'effet positif. La nouvelle m'a changée. Définitivement. Des images me saisissent maintenant et ne me lâchent plus.

*

Nous sommes le 5 décembre 1987, il est 19 heures. C'est mon anniversaire aujourd'hui. Dans le miroir, je me vois et je souris. J'ai vingt et un ans et je suis à l'Olympia. Je vais monter sur scène dans trente minutes. Je suis calme, je suis prête, impatiente même. Ceci n'est pas un rêve. Je me reconnais, c'est bien moi malgré mon changement de tête. Maintenant, j'ai les cheveux plutôt foncés avec quelques petites mèches blondes. Et mes yeux, comme mon cou, sont dégagés. Je me sens presque dénudée, presque neuve. Dans le couloir, tout à l'heure, j'ai croisé la star dont j'assure ce soir la première partie, Julie Piétri. Le concours capillaire des *eighties* est toujours ouvert et ce soir, elle remporte la partie. Elle est au sommet de sa carrière avec un titre qui déferle comme une bonne parole sur le top 50, « Ève, lève-toi ». Avec ses yeux transparents, ses dents du bonheur, et sa voix un peu cassée, elle fait l'unanimité.

Ils sont deux mille qui cachent les fameux fauteuils rouges du temple de la musique, là où tous ces immortels se produisent au moins une fois. Ils sont venus pour elle. Ils ne m'attendent pas, mais je veux qu'ils me trouvent. Ils sont nombreux devant moi, mais je ne vois qu'elle. Maman au premier rang, le visage éclairé par les bords des halos de lumière de la scène. Son visage, creusé, et son sourire radieux qui l'étire encore plus. Elle semble émerveillée, plongée dans un conte de fées dont elle est, par procuration, l'héroïne. Elle ouvre de grands yeux que cette saloperie de maladie a déjà modifiés. J'aime lui donner ça, des sas magiques où elle oublie son mal.

Elle sourit, comme moi tout à l'heure dans ce miroir qui a enregistré tant d'images d'artistes. Elle qui retient son souffle, j'y vais.

Je chante « Mademoiselle chante le blues » et devant moi, le public bien assis, s'anime. C'est bon comme une caresse, je les réchauffe. Ils ont l'air d'aimer ça, ils en redemandent même. Après les avoir entraînés, je les suis maintenant dans leur enthousiasme, dans leurs encouragements. Dans ces conditions, alors qu'il le faudrait parce que mon temps de première partie est écoulé, je ne peux quitter la scène. Je réponds à leur envie en reprenant « Mademoiselle », tout à l'euphorie de cette salle hystérique. Je me tiens au bord de la scène et le rideau derrière moi, lui aussi, s'agite. Le manager de Julie – qui est aussi son fiancé – s'impatiente. Il veut que je dégage et, pour me le faire comprendre, il passe le bras à travers le rideau, attrape ma veste sur laquelle il tire comme un acharné. Je résiste, achevant ce que j'ai commencé. À regret, sous les applaudissements, je quitte la scène. Instant de grâce. Maman l'a vécu avec moi. Quand elle me retrouve après, elle est pâle, chavirée par le spectacle de sa petite fille qui devient grande.

Quand je ferme les paupières, je vois la lueur de peur dans ses yeux à elle. Comme un bruit strident, comme un acouphène, le mal de ma mère est omniprésent. Il me gâche tout, trafique le goût des choses. Je ne les savoure plus comme avant. Maintenant, j'ai conscience que tout ça, ce n'est rien, ça passe. Et ne reviendra plus.

Elle a raison, maman, on grandit depuis qu'elle est malade. Hier encore, j'étais une petite fille de dix-neuf ans. Aujourd'hui, j'en ai cent. J'ai des courbatures dans tout le corps depuis que je sais que je ne pourrai bientôt plus me pelotonner dans ses bras. Je n'entends plus rien, ne vois plus rien, me déplace mal. Je suis vieillie. Et quand je chante, des montagnes de peine dévalent dans ma voix, l'accrochent.

7.

Le temps qui passe

Je suis à Berlin. Et quand on vient de la frontière, on n'est pas tout à fait dépaysé en Allemagne. J'aime cette ville sombre et créative, cette cité dense qui réfléchit l'Histoire. Quand je m'y rends, j'essaie de rester un peu, quelques jours, me promener, regarder, voir les restes du Mur. J'aimerais aussi voir les films intellos, les concerts de barjots mais mon emploi du temps me l'interdit. Bizarrement, la culture allemande s'exprime ici et aussi ce que la culture a de moins allemand, un peu comme à New York. Le paradoxe d'une ville qui représente le pays, mais le contredit en même temps. Les Allemands, je l'ai remarqué, manifestent une autre contradiction pour moi, ils sont rassurants et flippants à la fois. Ordonnés et fous, rigoureux mais passionnés.

Dans cette ville qui m'est familière, je marche beaucoup. Dans cette ville dont l'emblème est l'ours, la grande collectionneuse de peluche que je suis tombe par hasard sur… un ours en peluche. Je le vois dans une vitrine, il s'agit d'un ours beige.

J'ai une espèce de coup de foudre qui peut paraître idiot, sans explication. Ce n'est pas tellement l'objet en lui-même qui m'intéresse, mais ce que je souhaite faire avec. Je ne destine pas cet ours à un enfant, mais à ma mère. Je voudrais pour elle quelque chose de rassurant, un truc qui lui dise que je suis là, dans sa chambre d'hôpital, même quand je ne suis pas là. Je me dis que cet ours la protégera. En l'achetant dans cette boutique berlinoise, j'y concentre toute ma force, ma douceur et mon amour.

L'Allemagne, j'y reviens encore et toujours.

La collaboration avec François Bernheim et Didier Barbelivien s'est révélée fructueuse, alors une autre chanson suit. Très belle, emblématique. Inspirés, les auteurs-compositeurs m'écrivent « D'Allemagne » qui trouve en moi l'écho parfait. « D'Allemagne où j'ai des souvenirs d'en face, où j'ai des souvenirs d'enfance. » Profonde, politique, historique, « D'Allemagne » est un coup de génie. Un hymne de réconciliation entre la France et l'Allemagne. Entre mes deux patries, mes deux pays. Ce qui unit les deux côtés et que j'incarne, issue d'un couple mixte, enfant de Forbach, d'une Lorraine qui n'a jamais pu se décider pour l'un ou l'autre.

Dans l'Est, on est complexé à cause des hésitations de l'Histoire. Désagréable bâtardise géographique qui nous rend fous. On n'est ni d'Allemagne ni de France. De la frontière, de Lorraine. On essaie d'être heureux comme ça. Ici, ils ont quelqu'un pour défendre leurs couleurs. Ils sont fiers de moi comme de leur équipe de foot locale.

À la suite de « Mademoiselle », « D'Allemagne » fait un carton. Je suis émue de cette deuxième victoire qui confirme l'intérêt du public. Je sens la chaleur des gens, elle me fait du bien.

*

Dans l'ensemble, ma vie a pris une tournure brutale. Ma carrière s'accélère et ma mère se meurt. Tout change vite, m'arrive vite. Et pas que du bon. Je suis victime d'un accident de voiture qui me brise le nez. Je suis souvent dans l'Est pour maman et nous essayons, avec mes frères et sœur, de nous épauler, de nous réunir, de nous distraire aussi, parfois, pour oublier la maladie de maman. En sortant du bar d'Egon…

J'ai perdu mes couleurs. Malgré le petit verre bu avec Egon dans son bar, je suis plus blanche que blanche. Le miroir du pare-soleil n'est pas flatteur. Je peux arranger ça. J'ai du blush dans mon sac, du rouge à lèvres aussi. Je me penche pour les attraper au moment où un type, ivre mort, grille le feu au croisement. Il nous heurte de plein fouet, ma tête tape contre le tableau de bord. Je n'ai pas mis ma ceinture. Mon nez se brise dans un bruit d'os qui résonne dans ma tête. Egon m'emmène à l'hôpital pour que Dany s'occupe de moi. Il est infirmier aux urgences. Il faudrait appeler maman pour la prévenir mais mes deux frères sont d'accord pour ne pas le faire. Ils n'ont pas le courage, ils ne veulent pas l'inquiéter. Ils craignent de lui annoncer que sa petite dernière n'a plus de nez, pour l'instant. Depuis qu'on la sait malade, on lui cache tout ce qui pourrait la perturber. Évidemment, je ne tiens pas à ce qu'on le lui dise. Avant d'être malade, elle avait déjà tendance à me surprotéger, à être anxieuse à tout bout de champ. Pourtant, enfant, il ne m'arrivait pas grand-chose malgré tout le sport que je faisais, la danse, les claquettes, les majorettes. Je sais que, petite, je me suis légèrement ouvert la tête sur le coin du balcon, chez nous, rue du Général-Leclerc, et je me rappelle aussi m'être cassé la jambe. J'étais adolescente et j'avais tendance à vouloir, pour me grandir et me vieillir, porter des talons. Maman me prévenait que j'allais tomber et me faire mal à force de vouloir me percher comme ça. Comme je n'écoutais pas, elle m'a emmenée acheter une paire de baskets. L'après-midi même, je tombai du haut de mes baskets et me cassai la jambe !

*

Maman est à Strasbourg pour sa chimio, pendant que je suis à Paris à faire ma promo. Je lutte, je me fatigue, je navigue dans les couloirs du show-biz et ceux de la maladie. Des paillettes aux murs blancs. Des parfums capiteux aux odeurs blanches. Je fais les allers-retours, je veux être avec elle. Si je m'écoutais, je resterais dans sa chambre tout le temps. Elle m'engueule, me secoue. Je ne veux pas la quitter, je veux être là et lui tenir la main quand elle supporte et quand elle ne supporte plus. La maladie, la chimio, les deux. Quand elle est assise, une perfusion dans la veine abîmée de son bras. Quand elle est allongée, parce qu'être assise, c'est déjà trop dur. C'est long. Il faut attendre que tout le liquide de la poche ait goutté dans son sang. Le liquide, il est terrifiant, rouge, nucléaire. Il faut qu'il ait l'air méchant, ça fait partie de sa mission. Il doit effrayer les tumeurs les plus teigneuses. En fait, il effraie tout le monde, pas que les tumeurs. Les cheveux et les sourcils se cassent en courant, les couleurs se cachent, l'appétit disparaît dans la nature, et les plaquettes se tapissent pour ne pas être vues. Un sale truc pour tuer un autre sale truc. Je me doutais que ça ne marcherait pas : entre sales trucs, ils finissent toujours par trouver un accord pourri.

Les docteurs changent les traitements, les produits, les dosages, essaient puis analysent. Ils affichent ensuite les résultats sur leur visage, comme autant de panneaux d'horaires dans les gares ou les aéroports. « Vol pour mourir à l'heure » ou « En retard ». Pour maman, le sursis dure un peu. À quel prix ! De grimaces de douleur, de contorsion, de folie passagère. Maman souffre, se tord, se mord, devient dingue. Elle perd la tête. Parfois, elle s'affole et se lève. Elle s'échappe de l'hôpital, en chemise de nuit. Elle veut aller ranger ma chambre, parce que je rentre aujourd'hui. À la maison, elle arrache, de douleur, le papier des murs avant de s'effondrer, épuisée, désespérée. Un calvaire.

Quand, plus tard, j'aurai à visiter d'autres malades, je ne le supporterai pas plus. La douleur ne me verrouillera pas, ne me desséchera pas. À l'hôpital Necker, je les regarderai ces enfants trop mûrs et trop pâles dans leur lit trop grand pour eux, et j'aurai le cœur broyé. Je finirai quand même ma visite des petits malades, je leur ferai des bisous, et puis des cadeaux, et puis des sourires. Je leur ferai des clins d'œil, à ces visages lunaires et doux. Mais je serai effondrée à l'intérieur, dynamitée par mes souvenirs. Je reverrai, avec détresse, l'espoir qui joue avec les nerfs des familles, les regards fuyants des médecins. Je sentirai à nouveau les effets pervers de la chimiothérapie, cette odeur de désinfectant blanc, ces frontières à cheval entre morts et vivants.

Quelques années plus tard, je reviendrai à Necker. Mais cette fois-ci, pour vaincre cette ambiance terrible, j'y donnerai un concert. L'espace d'un instant, petits patients, médecins et parents se projetèrent ailleurs, avec moi, dans un monde de musique, vers la vie.

En fait, on ne s'habitue jamais à la mort, ni à la maladie. Quand l'être aimé est encore là, on nie qu'il va partir et, quand il est déjà parti, on force le présent, on refuse l'absence. Comment se résigner à quelque chose qui nous dépasse, à quelque chose de si peu humain ? On évoque souvent « le travail de deuil ». Comme s'il avait une fin. Comme si, à un moment, on pouvait échapper au néant, à cette idée absolue, écrasante, insupportable, indémontable. Il n'y a pas d'issue. Donc pas de travail pour le deuil. Pour ce qui est de mon cas personnel, j'ai dû apprendre à faire avec. Me lever le matin pour commencer une journée normale, faire semblant que tout va bien, dissimuler aux autres cette peine qui m'étreint. Faire sans, ça veut dire nier la mort, tracer sa route et me dire qu'elle m'accompagne toujours. Un salut, il faut bien qu'il y en ait un pour ceux qui restent. Au contact d'enfants malades, j'ai compris cela, qu'on ne sortait pas de la mort, qu'on n'en épuisait pas, au bout d'un moment ou d'une thérapie, les effets. Rien ne se perd, tout se transforme. Vivre avec comme avec un gros flocon froid dans le cou, dans l'âme, et parfois dans les jambes. Surtout, surtout, ne pas s'imaginer avoir soldé son compte avec le deuil. L'écueil, il est là. Penser avoir refermé le cercueil sur le mort. Je le porte toujours, mon deuil, parce qu'il ne fait rien tout seul. Et si je ne le prends pas sur mes épaules, il traîne derrière moi et me ralentit, sabote mon chemin, pique mes vivres. Aujourd'hui, je peux écrire que le travail de deuil existe, mais que c'est celui du temps qui passe.

*

En attendant, ma mère, je la soulage comme je peux. Je la caresse avec mes histoires, avec mon succès. Mon premier album, *Mademoiselle chante...*, est sorti, il connaît un début de triomphe. Les nouvelles de ma carrière sont bonnes. Je lui annonce que je vais faire la première partie de Michel Jonasz aux Francofolies de La Rochelle. Le festival a acquis une belle réputation depuis sa création en 1985. À force de rassembler chaque année en juillet des artistes de qualité, plus ou moins renommés, les « Francos » sont devenues une des références, en France, de scène porteuse et prestigieuse. Le patron du festival, Jean-Louis Foulquier, un animateur sémillant de France Inter, haut en couleurs et sûr de ses choix, m'a programmée. Il m'a toujours soutenue et j'en suis très fière. C'est la première fois que je vais interpréter mon répertoire et, en plus, je vais passer avant Michel Jonasz. Moi, je l'aime bien, Michel Jonasz. Il est le monsieur de « La Boîte de jazz », de « Super Nana », de « Joueurs de blues ». Il a un talent musical incroyable, sophistiqué et populaire. Connu pour ne se produire qu'avec de très bons musiciens, il m'impressionne. Le bonhomme lui-même, je le trouve chic. Sa chevelure brune, son regard pénétrant, ses costards de lord, tout dans son *look* suscite le respect. Je suis vraiment flattée d'assumer sa première partie mais je n'ai pas peur. Je sais maintenant qu'il y a pire que tout ce qui pourrait bien m'arriver sur scène.

En face, à la console, il y a un homme qui est chargé des réglages de son. C'est Richard Walter, un producteur de concerts, alsacien lui aussi et associé de Cyril. À sa mine renfrognée, je déduis qu'il n'est pas très content d'être là, lui. Vraisemblablement, il rend service à la petite amie de son partenaire. La variété, ce n'est pas son rayon. Il vient du jazz-rock. Je le sens me regarder avec autant de défiance que maman peut me regarder avec confiance. Apparemment, il a sur moi comme un a priori. Et il n'est pas du genre à cacher ce qu'il pense, Richard. Il est brut, vif, sans concessions. L'enrobage, les civilités et circonvolutions, il déteste.

Je ne suis pas très à l'aise, sa présence me perturbe un peu. J'amorce « Mon mec à moi ». J'en suis au début du refrain quand ça se produit. J'envoie ma voix à fond, j'avoue. Toutes les aiguilles sont dans le rouge et, fatalement, la console a du mal à suivre. J'imagine que ça ne va pas me faire gagner des points du côté de Richard…

Ce soir-là, sur la scène de La Rochelle, je suis en pleine lune de miel avec le public. Ce n'est pas mon public pourtant, c'est celui de Michel Jonasz, exigeant. Il me reçoit à bras ouverts. Sur scène, je suis différente, je me sens puissante, confiante, sûre de moi. Sur scène, je perds cette retenue que j'ai dans la vie. Je me démultiplie, me décuple, me transforme. Je ne crains plus rien. Dans le public, ça vibre, ça bouge. J'ai passé l'examen. Je jette un coup d'œil en face, à la console son, là où se trouve Richard qui me regarde avec des yeux comme des soucoupes, halluciné par ce qu'il vient de voir et d'entendre. Maintenant, il est convaincu.

En plus de ma réussite sur scène, de l'audience de mon premier album, j'ai la satisfaction de gagner des sous. À la *Rumpelkammer*, j'étais passée de 50 à 80 Deutsche Mark, mais je n'étais pas assez riche pour avoir un compte en banque. Aujourd'hui, j'ai les moyens d'avoir un chéquier et de m'acheter une voiture. Le montant de la petite Honda CRX grise que j'acquiers me terrifie : 118 000 francs ! Énorme somme. Astronomique. Je grimpe dedans comme dans un carrosse, un sourire de gamine aux lèvres. Je mets ma ceinture et je m'engage sur l'A4 direction Strasbourg. Je file à l'hôpital. En voiture, je vais pouvoir pleurer tranquillement, discrètement. Libérer un peu de ma douleur, lancinante.

Son état a empiré. Je la trouve encore maigrie, encore pâlie et jaunie. Depuis que le printemps a refait surface et qu'il fait bon dehors, j'essaie de l'emmener dans le parc de l'hôpital faire quelques pas, prendre l'air, un peu de fraîcheur. Jusqu'à l'ascenseur, maman marche très lentement, vite essoufflée, vite découragée. Sur le visage, elle a ce masque que je déteste, ces yeux trop grands et figés, cette bouche ouverte sur le vide, cette tension extrême... Nous atteignons l'ascenseur que nous prenons avec une dame. Elle paraît bien en forme à côté de maman. Elle est maquillée, pimpante, parfumée. En visite, certainement. Elle me dévisage et me lance :

« Mais je vous connais, vous ! » Je lui souris timidement comme une approbation, avant de voir maman s'illuminer. Le moulage blanc qui emprisonnait son beau visage a disparu. Je la retrouve, pleine de vie, fière, heureuse. Je la retrouve grâce à cette dame qui m'a reconnue. Je la regarde intensément, je suis bouleversée par cet instant de grâce. Je veux le fixer et, pour cela, à travers la buée de mes larmes, je ne la quitte pas des yeux. Elle est comme libérée de son chemin de croix, soulagée d'un poids immense. Sa Patricia est devenue Patricia Kaas.

*

« Patricia Kaas ! »

Ce soir, c'est un concours, mais différent de ceux que je passais autrefois dans ma région. D'une autre ampleur. Il s'agit des Victoires de la musique, l'équivalent des Césars pour la musique. Le public qui m'applaudit ce soir, debout, ce sont les professionnels de la musique, les artistes, les maisons de disques, les tourneurs, les programmateurs radio, les journalistes musicaux. Pour la Victoire dans la catégorie « révélation interprète féminine de l'année », mon nom vient d'être prononcé, qui résonne en moi comme une trompette. Je remonte sur cette vaste scène du Zénith où j'ai chanté tout à l'heure, pour recevoir le trophée. Un peu chancelante, effrayée d'avoir à faire une déclaration. Impressionnante, cette salle du Zénith, remplie de gens qui ne sont que du milieu, qui ne font qu'un, comme un bloc. Et bien que bienveillante – puisqu'elle vient de me gratifier –, cette foule ne me rassure pas. Je mérite certainement cette récompense, mais je ressens trop facilement le syndrome de l'imposteur, je me demande toujours si les autres, en me félicitant, ne se sont pas trompés. Je n'ose pas récupérer les lauriers. Ma réserve naturelle reprend l'ascendant.

J'ai fait un petit speech, ce soir-là, je crois. Mais je ne me rappelle pas du tout ce que j'ai dit. Trop troublée, trop impressionnée, pour m'en souvenir. Il me semble juste qu'il a été court. J'ai dû dire merci. Mais je ne me souviens de rien. Merci à maman ? Sans aucun doute.

Parce que je sais que c'est grâce à elle si j'en suis là. Elle l'a rêvé pour moi. Elle a été ma première admiratrice, ma première fan, la première à croire en moi, plus que moi. Elle est plus que ma mère, elle est ma bonne étoile, ma chance. Je voudrais tant que cette Victoire soit un talisman qui me la garde en vie encore un petit peu. On nous l'a dit. On l'a bien vu. Avec un cancer des ganglions généralisé, trois ans, déjà, c'est une victoire ! Sauf qu'il n'y a pas de victoire. Il ne peut pas y avoir de victoire dans une bataille truquée. Quand on sait qui gagne, les prolongations n'ont pas d'intérêt. L'idée que c'est maintenant, que la fin à laquelle on essaie de s'habituer est là, est insurmontable. Je ne peux pas m'y faire. J'implore : « Pas encore, pas tout de suite, pas maintenant. » Je me damnerai pour un peu de temps en rabe.

*

Le joli mois de mai de cette année 1989 n'est pas si joli. La vie foisonne partout dans la nature, les gens sont heureux dans l'attente du soleil, les femmes montrent leurs jambes et les hommes les regardent. Tout va bien. Sauf moi. Sauf elle, ma mère, qui meurt. Et mon père qui désespère, qui se replie dans son silence. Lui, si bavard, ne parle plus. Il a perdu son air jovial, l'a troqué contre une figure triste et renfrognée. Joseph n'accepte pas non plus. Il n'est pas prêt, personne n'est prêt. On ne l'est jamais. Maman, elle, sait. Son corps déréglé lui hurle le départ. Elle entend l'appel. Alors, sur le quai, elle dit au revoir.

Cyril est là, près du lit, qui lui tient la main. Comme une courtoisie pour l'aider à monter sur le marchepied. Elle lui dit : « Maintenant, je ne peux plus m'occuper de ma fille. C'est toi qui prends la relève. Je te la confie. » Il en fait la promesse, il prend la responsabilité, lourde et belle.

Le mardi 16 mai, maman nous quitte.

*

Elle n'est plus là, pourtant je crois l'entendre encore, la voir. Je sens presque sa présence. Nous l'avons enterrée, mais ce n'était pas elle dans le cercueil. Ce n'est pas possible. Elle est trop là, je parle d'elle au présent. Quelques mois passent entre refus et colère avant de m'engouffrer dans une vie sans temps mort. Une vie pleine pour fuir la douleur mais aussi pour que, de là-haut, maman soit fière de moi.

Une première tournée pour penser à autre chose, pour être là où rien ne peut me rappeler ma mère, un territoire neutre, vierge. Ailleurs, pour me faire croire que je suis dans un autre temps, suspendu, entre le déni et l'acceptation. Il faut que je me déconnecte de la souffrance, que je vive autre chose que ce que j'ai vécu ces derniers mois. J'opte pour la fuite. J'ai besoin de partir et d'aller à la rencontre de mes sauveurs, de ceux dont l'amour va remplacer ma peine, mon public. Si je me saoule de scène, si je transpire sang et eau, je pleurerai moins. Si je reçois et donne l'amour sur scène, je sentirai moins le manque.

8.

La poupée russe

Le rideau se lève, je quitte ma peine.

Devant moi, l'Olympisky Stadium. Nous sommes à Moscou, le 16 juin 1990. La brume de chaleur qui couvrait la ville s'est peu à peu dissipée et une foule dense a envahi le stade. Qui est plein, mais ne déborde pas. Ici, le public est sous contrôle, il se tient bien, ne bouge pas une oreille. Ils sont encore seize mille ce soir. Ici, nous sommes dans le plus vaste pays du monde. Le nombre ne m'effraie pas, au contraire. La scène est le dernier endroit où j'ai peur. Je ne me rends plus compte des choses. Là, je suis quelqu'un d'autre. Je fonce, je positive, je suis sûre de moi. Je suis ailleurs, détachée, imperméabilisée. Les autres, mes compagnons de tournée, eux, ont conscience du caractère extraordinaire de ce que nous vivons, de cette ampleur soudaine, de ce pays surprenant, la Russie…

Dans le train qui nous amène à Leningrad, l'atmosphère se glace déjà. Nous partageons avec Cyril une cabine qui rappelle l'époque de celle de *La Mort aux trousses*, son confort en moins. Le bar de l'express se trouve juste derrière nous et les voix alcoolisées de ses clients nous empêchent de dormir sans pour autant égayer l'ambiance de notre compartiment. Nous sommes, Cyril et moi, au beau milieu d'une conversation très sérieuse. J'essaye de lui faire part de mon désarroi, je me détache irrémédiablement de lui. Notre histoire intime ne peut plus l'être… Je n'ai pas réussi à vivre harmonieusement notre double lien, amoureux et professionnel. Nous n'empêchons pas, en fait, les répercussions de l'un sur l'autre, de l'autre sur l'un. Nous sommes incapables de cloisonner. Comment s'engueuler dans le travail puis rentrer à la maison et tout oublier ? Nous ne serons plus un couple, mais nous serons toujours ensemble. Il sera toujours là pour moi, n'importe où, n'importe quand. Fidèle à son serment, toujours rempli d'un amour plus grand encore que celui que nous avons connu.

Mais maintenant, dans le train, nous sommes tristes et le noir qui défile derrière les vitres s'obstine à nous renvoyer notre reflet. Alors, quand je pose le pied sur le quai de la gare, je suis un peu morose… Cyril ne l'est pas moins.

*

Quelques mois plus tôt, le 9 novembre 1989, le mur de Berlin est tombé. L'Allemagne va se réunifier, mais le bloc de l'Est, pour l'instant, en est encore un. Les frontières, si longtemps hermétiques, sont encore coincées. On ne passe toujours pas. Et quand on passe, quel que soit le côté, on découvre une autre planète, un autre versant. Un monde à part.

Lorsque nous arrivons en URSS en 1990, nous sommes surpris par ce que nous trouvons. Je me rappelle d'une atmosphère très lourde, glaciale, administrative. D'office, on nous a prêté des traducteurs pour nous accompagner. Ou nous encadrer, nous surveiller. En effet, nous comprenons vite qu'ils sont l'œil de Moscou sur nous. Les soirs de concert, la sécurité autour de nous est telle que je me sens presque inscrite dans un programme de prise en charge des témoins. Ils sont quinze autour de nous, molosses impressionnants, qui nous font monter et descendre de voiture. Obsédés par notre protection.

Un vrai film.

En même temps, pour nous, le soviétisme n'est précisément plus une légende en noir et blanc, mais une réalité dans laquelle nous plongeons lors de ma première tournée. Tout est pareil, rien ne doit dépasser. Les hommes portent tous des costumes sombres, le menu des repas ne change jamais, tout est gris, tout est feutré, tout est froid et inconfortable.

Notre hôtel à Moscou, où nous restons une semaine, nous met au diapason d'un communisme au quotidien. Pour rejoindre sa chambre, il faut compter environ trente minutes. Les couloirs, interminables et alternativement éclairés, mènent à des chambres, et quelles chambres ! Toutes parfaitement identiques les unes aux autres. Un soir, tandis que je viens d'approfondir ma connaissance du pays en ingurgitant un volume important de vodka, je visite de nuit tous les étages du palace défraîchi.

Le pays est communiste mais, où que je me produise, le public est compartimenté. En deux blocs. Dans les salles de concerts, les VIP sont devant et le peuple derrière. Comme s'il était là en plus, en figurant immobile maintenu dans la fosse, en décor humain pour les huiles du pouvoir. Relégué à l'arrière-plan. Au premier, des uniformes, des militaires, une opérette. L'arrivée au pouvoir, huit ans plus tôt, de Mikhaïl Gorbatchev a modifié l'URSS de l'extérieur, le regard porté sur elle par l'Occident. Mais, à l'intérieur, le pays n'a pas encore quitté ses anciens habits trop raides et trop gris. À voir la façon dont la sécurité cadre le public et dont les tribunes s'organisent en fonction d'une hiérarchie militaire, le régime soviétique ne semble pas s'être assoupli.

À Leningrad, le public est coincé derrière les officiels et n'a pas le droit de bouger, tout mouvement étant considéré comme suspect. Cette manifestation d'un ordre strict, d'un pouvoir écrasant m'étouffe moi aussi. Le public, je veux le voir. Mieux, le voir bouger, danser, vibrer avec moi. Ça finit par m'énerver à tel point que je contourne les privilégiés en uniforme. Je vais chanter derrière eux mais en faisant face au peuple. Ils sont maintenant obligés de se dévisser la tête pour me voir. Je fais pire que transgresser les règles, je leur fais l'affront de chanter dans leur dos. Dans le pays de la paranoïa et de l'espionnage, je suis en train de commettre une grosse bourde. Ils sont tellement en colère qu'ils veulent annuler le concert du lendemain.

*

Je n'oublie pas d'où je viens. Du peuple. Mon histoire de fille de mineur qui connaît le succès, aux habitants d'Union soviétique, ça leur plaît, ça les fait rêver. Cela explique qu'ils soient si nombreux à m'applaudir partout où je passe. Mais il n'y a pas que ça, au-delà il y a ma voix si particulière et cette énergie folle que je leur transmets quand je suis sur scène. Ils connaissent mon histoire et, ce qui m'étonne davantage encore, mes chansons. Ils n'ont pas les facilités des gens d'ailleurs pour se procurer mes disques. Eux, ils n'ont que le marché noir quand ils veulent accéder à la culture qui vient de l'Ouest car elle n'est pas en vente libre. On trouve des échoppes où des pochettes qui reproduisent les albums de musique occidentale sont suspendues, sans disque à l'intérieur. Quand le client se manifeste, le vendeur récupère discrètement l'album souhaité dans son arrière-boutique puis, en quelques minutes, il en fait une copie sur K7. Alors, de les entendre chanter avec moi, savoir par cœur les paroles en français, ça m'attendrit, émue de ces stratagèmes qu'il a fallu pour dénicher et écouter mes disques.

Physiquement, je leur ressemble. Moi aussi, je suis de l'Est, certes de la France mais de l'Est quand même ! Et puis j'ai un côté slave. Très blonde, les yeux bleus, la peau blanche et les pommettes saillantes, j'ai le même physique glaciaire. Les hommes du pays ont tendance à rêver de moi, on me le raconte souvent et, j'avoue, je ne m'en lasse pas ! Je suis leur genre. Plus tard, lorsque je suis revenue en URSS, j'ai mis la main par hasard sur des autobiographies de soldats de l'armée soviétique qui parlaient de moi. Dans ces bouquins, j'étais une espèce de fantasme de femme sexy qu'ils rêvaient de posséder ou d'épouser, ou les deux. Ça m'a beaucoup amusée et, surtout, ça m'a éclairée sur ce que je pouvais représenter pour eux. Le symbole de la Femme idéale. Enfin avec quelques défauts quand même !

Tout en étant aux yeux de mon public féminin l'incarnation du chic français. Pour ma première tournée, je suis habillée en Karl Lagerfeld, je porte des robes du soir et des costumes d'hommes, je suis très française. Et ils aiment la France, les Français. À l'école, j'entends dire qu'ils apprennent notre langue avec les textes de mes chansons. Je suis fière de ça, d'être une ambassadrice de la francophonie. La première fois, à Moscou, je suis surprise de leurs connaissances et de la facilité qu'ils ont à se faire comprendre. Et puis, surtout, je suis là alors que je viens de l'autre côté du mur. Personne ne leur rend plus visite depuis bien longtemps. Les artistes n'osent pas, les producteurs de spectacles ne veulent pas prendre de risque et préfèrent rester en territoire connu.

Chanter ici relève de l'exceptionnel et on semble l'apprécier. Le public me remercie à chaque fois en étant présent. Quatre concerts à Moscou, quatre autres à Leningrad, tous complets ! Je suis sidérée par leur enthousiasme. La Russie est grise et froide, les Russes, eux, sont solaires. Extrêmement chaleureux et accueillants. Plus tard, on me réservera un accueil princier et joyeux dans toutes les régions de cet immense pays. Pour l'heure, à Leningrad et Moscou, des petites filles, habillées en costume traditionnel, me remettent de petits présents, m'embrassent et m'offrent un spectacle de bienvenue qui consiste, la plupart du temps, en des danses folkloriques. À chaque fois, je suis émue ; à chaque fois, je m'étonne de cette affection.

Ils n'ont rien, mais ils me donnent tout. J'ai remarqué combien ils étaient pauvres, combien leurs conditions de vie étaient austères, mais combien ils étaient généreux. J'ai remarqué qu'ils ne mangeaient pas souvent à leur faim, qu'ils ne sortaient jamais de table rassasiés. Pour bien se nourrir, les tickets ne suffisent pas, et pour le marché noir, il faut être un apparatchik. Le salaire mensuel d'un Russe ordinaire tourne autour de trois ou quatre dollars. Mais ils sont des milliers à dépenser l'équivalent d'un dollar pour me voir chanter. Je mesure le sacrifice, le prix qu'ils me prêtent.

*

Ils veulent tout me montrer de leur culture. Dans chaque ville, nous avons droit à une visite complète des monuments locaux. Des guides s'ajoutent au cortège de traducteurs, qui travaillaient aussi au KGB, de gardes du corps et d'officiels qui ne nous lâchent pas d'une semelle. Nous naviguons d'un mausolée à un musée en passant par une piscine olympique juste après une cathédrale. Un programme culturel intense auquel je préfère le programme humain.

Visiter les monuments, je trouve ça intéressant, mais ce sont les gens surtout qui marquent ma mémoire. Je reconnais la beauté du mausolée de Lénine à Moscou, mais je me rappelle avec plus de détails et de nostalgie une visite que nous avons faite plus tard, lors de la tournée *Rendez-vous*, aux petits élèves du conservatoire national de musique en Biélorussie. Les plus doués d'entre eux, de vrais petits virtuoses, avaient donné un concert en notre honneur. Ils s'étaient mis au piano, souvent dans une position inconfortable. Ils n'avaient pas de tabourets par manque de moyens. Alors, certains des pianistes en herbe, trop petits, avaient les touches de l'instrument à la hauteur du nez ! Ça m'a marqué, j'y ai repensé et j'ai fini par leur offrir de vrais tabourets de piano.

Eux aussi me font des cadeaux, des petites choses qui me touchent par ce qu'elles représentent. Comme un petit ours en peluche, au moment de Noël, offert par une dame à qui nous rendions visite parce qu'elle avait gagné un jeu. Je me rappelle son intérieur coquet, ses petites nappes brodées, et son sourire immense en me tendant le présent.

Ces Slaves, je les aime autant qu'ils m'aiment. De tout mon cœur. Grand et sensible. Ils sont presque ma troisième patrie. Je n'ai que vingt-quatre ans et je vois bien que dans ce pays immense, je suis perçue comme une star. En arrivant à Moscou cette année-là, je suis invitée à une émission en direct sur la place Rouge. C'est là que tout a commencé ; lorsque nous reviendrons l'année suivante, ce sera dans des salles combles, dans des stades. Je ferai d'autres émissions et mes chansons triompheront. Je suis flattée bien sûr. Comment ne pas l'être ? Ils sont tout un peuple à m'acclamer comme l'effigie de la liberté, une poupée russe. Comme une Madonna de l'Est.

9.

Maître de son chemin

C'est ma première tournée mais, en plus de ça, j'ai décidé que je présenterai mon futur deuxième album, *Scène de Vie*, sur scène justement. C'est assez inhabituel dans notre métier mais j'aime prendre des risques. Comme pour l'album *Mademoiselle chante…*, Barbelivien et Bernheim en sont les maîtres d'œuvre. Toujours avec autant de talent, ils créent un titre qui va marquer les esprits, ce sera « Les Hommes qui passent ». Le Géant, par contre, n'est plus avec moi. Je suis allée le voir pour qu'il fasse partie de l'aventure. Je lui ai parlé de mon projet et j'ai commis malgré moi une indélicatesse : j'ai évoqué mon envie de travailler avec de vrais musiciens en plus de ses machines. Il m'a regardé froidement et m'a jeté un : « Tu veux de vrais musiciens, la porte est là ! » Je l'ai prise. Jean-Jacques Souplet deviendra le réalisateur de *Scène de Vie*.

De cette longue tournée, de tous ces concerts, nous sommes épuisés. Et ce soir, de trop d'émotions.

Nous nous sommes avachis dans les beaux coussins du patio de ce palais tunisien qui abrite le centre culturel français. Les garçons fument le narguilé, la bouche encore parfumée à la fleur d'oranger des pâtisseries. La tiédeur a succédé à l'écrasante chaleur de l'après-midi. Je suis si fatiguée que je n'ai plus sommeil. L'équipe plaisante, commente la soirée. Chacun raconte ce qu'il a vu de là où il était. En fait, depuis la scène, nous avons tous assisté au même spectacle. Une incroyable marée humaine s'engouffrant par les petites entrées de ce théâtre prévu pour cinq mille personnes. Ils étaient dix mille à investir les gradins, la fosse, à se masser jusqu'à la scène. Ils se sont impatientés. Nous étions sur le point d'annuler le concert à cause d'un problème de son. À force d'essayer de le résoudre, nous nous sommes mis en retard. Mais rien à faire, pas de retour sur scène, plus de moyen de s'entendre chanter en son direct. Il ne reste que le retour des baffles destinés au public. Une vraie gêne pour les musiciens et moi.

Mais maintenant qu'ils sont devant nous, il faut faire quelque chose. Alors nous allons le faire, ce concert, mais dans le public, là où on s'entend. Aux premières notes qui sortent de ma bouche, un silence religieux succède au brouhaha de tout à l'heure. Je suis touchée par tant de ferveur et soulagée, il faut bien le dire, de m'être sortie de ce piège. Je reçois leur présence comme une étreinte que suit un baiser muet, un baiser sacré. Un baiser qui se passe de mots, de promesses, qui ne trahit pas. Donné en grand. La Tunisie, je ne l'oublierai pas de sitôt !

Ce soir, c'est spécial, casse-gueule, intense. Comme un Polaroïd qui ne peut pas s'effacer. Allongée sur les coussins, donc, je regarde le ciel pailleté. Ses étoiles sont les concerts de cette tournée, Russie, France, Canada, Allemagne, Japon. En tout, deux cent cinquante spectacles. Ce premier tour du monde; je le sens dans mon corps qui fatigue. Cela ne m'empêche pas de toujours vouloir passer un bon moment avec mon équipe.

Je tiens la distance, le stress de la scène, des voyages, la routine des hôtels, parce que je suis portée par les publics que je rencontre. Je sprinte dans une course sans fin. Je vais où l'amour des gens m'appelle. Je sprinte devant ma douleur, j'endors le vif de ma plaie en baumes de lumière, d'amour fugace et superbe avec des foules. Je m'intoxique aux concerts, je me shoote au plus puissant des paradis artificiels que sont le spectacle et la scène. Une partie de moi s'est anesthésiée. Je suis capable de ne plus sentir la douleur. Plutôt que d'essayer de l'apprivoiser, je la domine, je la contrôle et l'enfouis.

Le soir, lorsque j'arrive enfin à endormir la machine à travail que je suis devenue, je ne peux pas m'empêcher de penser à la petite fille qui avait ce rêve-là. Savait-elle que ça allait arriver si vite, si fort ?

Le programme est chargé. Cyril et Richard constatent mon endurance, ils voient que je peux enchaîner des chapelets de dates dans cinquante pays différents sans broncher. Je ne me plains pas. On ne m'a pas appris. Chez moi, alors qu'on en avait les motifs, personne ne regrettait jamais son sort. Malgré tout ce que mon père avait à endurer, je ne l'ai jamais entendu dire : « Je suis crevé, j'en ai marre. » Alors de quel droit, moi qui ai le privilège de voyager, de gagner ma vie en chantant, moi qu'on traite comme une princesse, je me plaindrais ?

J'adore mon métier et j'aime cette vie nomade, un peu aventureuse, trépidante. J'adore sillonner la planète, dormir dans un endroit différent tous les soirs. Être en dépaysement continu. Je sens l'excitation avant la scène, l'ivresse pendant, l'étonnement quand je débarque pour la première fois dans un pays. Des aventures, c'est ce dont mon existence se tisse au quotidien.

Avec, parfois, parmi cet incessant mouvement, des parenthèses amoureuses accrochées comme des lampions dans les courants d'air du bal. Comme dans ma mémoire. Comme cet ami avec qui j'ai vécu un moment de passion hors du monde. En Écosse, en fait, dans un hôtel magique dont les chambres ne portaient pas de numéros mais des noms poétiques. Pendant une semaine, j'ai été la Lady of the Lake de cet homme-là. Bref amour, enchantement d'une liaison éphémère. L'amour se fait ou s'écrit comme ça aussi, sur une seule page, pour un temps très court, sans enjeu à part celui du moment. Une façon pour moi d'échapper un peu aux contraintes de la tournée et de retrouver, même fugitivement, le goût des baisers et des caresses.

*

Alors que je suis en pleine tournée, je donne mon accord pour que nous changions de maison de disques. Depuis longtemps, nous avons compris que ma carrière ne pourrait prendre l'ampleur nécessaire en restant là. Ils méprisent l'international et refusent de s'y investir. Alors je fonce, tout en mesurant le risque que cela représente pour moi, mais je suis convaincue que je dois tenter le tout pour le tout pour gagner ma liberté. Après de nombreuses discussions, je demande à Richard de me libérer de mes anciens contrats. Ce qui n'est apparemment pas évident…

Après dix-huit mois d'âpre combat, nous parvenons à trouver un arrangement et obtenons finalement gain de cause. Je sais que je viens de récupérer le contrôle de ma carrière. Je suis dorénavant productrice de mes propres disques. Je mesure combien c'est un privilège pour une artiste de pouvoir élargir le champ des possibles. D'aller plus loin. Par-delà les frontières.

Le cours de la tournée me ramène finalement chez moi, à Forbach. Je donne un concert sous un chapiteau, dans ma ville natale où je sais que tout le monde m'attend. J'ai peur ce soir-là. Pourtant, je connais par cœur cet endroit et ces gens que je vois se presser pour être bien placés. Je devrais être à l'aise là où on m'a vue grandir, où, forcément, on est fier de moi. Mais non. J'éprouve un trac affreux. Qu'ils me connaissent tous est un handicap, comme s'ils n'allaient voir que mes défauts, comme s'ils n'étaient pas capables de voir l'artiste, Patricia Kaas, comme s'ils me voyaient encore toute petite. J'essaie de me concentrer, d'oublier qu'il y a là mes voisins, ma famille, le maire, toute la région et des amis. J'essaie de penser que ce spectacle a été produit pour une bonne cause. La recette ira à une fondation chargée de dresser des chiens d'aveugles. Je chante, émue. Et ils applaudissent, émus eux aussi. Papa est là, fier de moi.

*

Le succès de mes deux premiers albums – plusieurs millions de personnes à chaque fois les ont achetés à travers le monde – et les prix que j'ai déjà eus (les Victoires, un World Music Award, un Bambi en Allemagne) entraînent des sollicitations de plus en plus nombreuses. Maintenant, je suis invitée à chanter pour des causes ou des événements tels cette journée du souvenir à Tchernobyl en 1993…

C'est le village que je vois d'abord. Quand on dit Tchernobyl, on visualise la centrale nucléaire, on pense à l'effroyable accident et à ses victimes, mais pas au village du même nom. Il est sinistre, délabré, il sent la vie désertée. Il hurle le vide. L'horreur est encore fraîche. Et le fleuve qui borde l'usine semble charrier les souvenirs et les conséquences, tout aussi terribles, du passé. L'usine, toujours pas condamnée, se trouve là-bas, sous les cheminées qui se dressent comme une menace déjà exécutée.

Dans le village, nous sommes nombreux aujourd'hui, rassemblés pour un hommage, mais on dirait qu'il n'y a personne, que le lieu n'est pas fréquenté, infréquentable. Que seules des voix muettes s'y entendent. Le silence et l'atmosphère recueillie qui règnent ici sont glaçants. J'aimerais tant pouvoir les réchauffer. Au moment de le faire, j'ai l'impression de me jeter dans le vide de tous ces logements sans habitants. Le contact de l'air dans ma gorge me fait froid d'abord. Et puis, peu à peu, je trouve dans l'émotion glaciale qui m'entoure la raison de chanter plus chaleureusement, plus intensément. Je déchire le silence, le temps de rappeler une catastrophe payée hier en morts, aujourd'hui en malades, une tragédie en CDI. Pendant tout le concert, la chair de poule ne me quitte pas. Et quand, finalement, je me tais, j'ai le sentiment de rendre au village son silence éternel. J'espère qu'elles ne m'oublieront pas, ces familles enfuies.

10.

Les hommes qui restent

Superbe plafond. On dirait une arabesque géante dans des volutes très vives de bleu, de rouge. Chagall et son plafond flashant. Je ne m'en lasse pas. Et d'ailleurs, il vaut mieux, parce que là, j'attends. Émerveillée quand même d'être là. C'est Johnny Hallyday que j'attends. C'est avec lui que je suis censée chanter. Nous sommes en 1992 et le Palais-Garnier reçoit ce soir les Enfoirés.

On me demande de participer à l'aventure. Ravie et un peu intimidée d'être plus jeune, moins connue, moins à l'aise. En fait, ils se montrent suffisamment protecteurs pour me détendre et me mettre en confiance, ils sont sympas et arrivent à dissiper les quelques tensions que je peux ressentir.

J'aime être avec eux, je rigole et j'apprends aussi. Dix-neuf ans plus tard, je n'ai pas quitté la bande des Enfoirés. J'ai adoré y faire des duos et j'apprécie toujours l'ambiance bonne enfant qui règne depuis que la petite équipe des débuts est devenue une bande gigantesque. Maintenant, je suis plus à l'aise, mais à l'époque, en 1992…

Ce qui me stresse ce soir-là, c'est que c'est ma première fois et qu'il n'est jamais venu aux répétitions. Johnny est une star, un symbole incroyable en France. Sa puissance vocale, son côté bête de scène me donnent très envie de partager une chanson avec lui, un moment pour croiser nos voix. Nerveuse, je me lève pour aller rôder dans les coulisses. La soirée va commencer et… Hallyday nous a plantés ! C'est Jean-Jacques Goldman qui, spontanément, me propose de le remplacer au pied levé. Quelques minutes plus tard, nous sommes sur scène et nous entamons ensemble « Je te promets ». Le lapin que nous a posé Johnny va nous lier. Une complicité artistique qui va durer. Jean-Jacques sera un de mes auteurs compositeurs les plus importants. Il va écrire plusieurs titres phares de ma carrière. Il saura toujours élaborer des chansons qui me vont bien.

J'ai toujours admiré l'artiste et vite apprécié l'homme. Je le trouve accessible, prévenant, poli, respectueux. Il n'a pas le côté show-biz qui me complexe chez certains. Les paillettes, ce qui brille, il déteste visiblement. Sa simplicité me rassure parce qu'elle me ressemble. Avec lui, la confiance me revient, il me détend.

Je quitte le Palais-Garnier avec un grand sourire et une idée dans la tête : Jean-Jacques Goldman pourrait m'écrire des titres sur le prochain album. Ses talents pour créer des chansons, je sais qu'il les prête à d'autres interprètes, anonymement parfois. Pour ne pas leur faire d'ombre avec sa notoriété, il préfère signer de noms d'emprunt. Dans l'art du pseudonyme, on dirait presque qu'il prend du plaisir. Pour moi, il sera Sam Brewski.

Compte tenu du succès des deux premiers albums, j'avais l'intention d'élargir le cercle de mes auteurs-compositeurs. Cyril est ravi d'apprendre que je veuille m'enrichir. Comme moi, il recherche l'ouverture, un peu d'air. Peut-être par défi. Peut-être par goût du risque, du pari, du challenge. Besoin d'autre chose.

*

Comme n'importe quelle ménagère, je plie et range des vêtements. Je suis debout devant ma vieille armoire, à me poser des questions cruciales du genre : « Est-ce que c'est plus logique de mettre les pulls à cet étage ? » quand mon téléphone sonne. Agacée d'être dérangée dans mon activité ordinaire, je réponds d'un « Allô ? » un peu sec. Et quand j'entends dans l'appareil : « Bonjour, c'est Alain Delon », je suis carrément exaspérée.

Il fait lourd, je suis un peu sous pression, j'éclate d'un rire mauvais et je tranche d'un « Oui, c'est ça, bien sûr, mais j'y crois pas ! » *A priori,* il n'y a aucune raison pour qu'Alain Delon, le vrai, l'acteur sublime de *Rocco et ses frères,* l'immense star, m'appelle, moi. Mais la voix insiste, elle dit : « C'est bien moi, Alain Delon. Je voudrais que vous montiez les marches à Cannes avec moi. » Maintenant, je doute et je suis bouche bée. Si stupéfaite que je bégaie presque. Je lui dis que je ne sais pas, est-ce que je peux le rappeler ? Mon cœur bat si fort que je crains que mes veines n'explosent. J'appelle immédiatement Richard pour lui raconter le coup de fil improbable. À peine décroche-t-il que je pose ma question mystère débile : « Si Sharon Stone t'offrait de monter les marches du festival de Cannes avec elle, tu accepterais ?

— Évidemment !

— Alain Delon me le demande ! »

Hélas pour Cannes c'est impossible, je suis en pleine répétition mais je veux le rencontrer. Absolument. Et le conte de fées commence… Non seulement nous nous voyons, mais nous nous plaisons. Nous nous aimons d'une certaine façon, platonique mais romantique. Un lien se crée entre nous, précieux, unique. Je dîne souvent avec lui, nous échangeons beaucoup, nous plaisantons, nous apprenons à nous connaître. Il est magnifique. La star en lui, pourtant, peut me mettre mal à l'aise. Je lui dis : « Quand je pense au nombre de femmes qui voudraient des enfants de toi ! Assez pour peupler un continent ! » Ça le fait sourire. Nos discussions durent des heures. Je suis fasciné par l'homme qu'il est, je sens qu'il peut m'apprendre beaucoup sur la condition de star : la solitude, les faux amis, la gloire... Mais ne nous cachons pas, je savais pertinemment qu'il me draguait et, au fond de moi, j'espérais ce baiser ! Pour rien au monde j'aurais voulu perdre sa tendresse, son amitié. Sa protection aussi. Un peu. Nous nous confions, nous nous regardons avec des sourires, de la tendresse. Il m'offre une preuve de son sentiment, un livre sur Marlène Dietrich dédicacé par la diva allemande en personne. Elle lui dit : « Pour Alain Delon que j'adore. » Et, sous cette belle déclaration, lui, Alain Delon, m'a écrit : « Pour Patricia Kaas que j'aime. »

Des rumeurs nous prétendent amants. Qui se répandent dans les journaux. Mes copines se gaussent et me font des crises de jalousie. Les femmes m'envient. On m'interroge sur lui, on me demande si je ne suis pas trop impressionnée, moi la timide qui perd la belle assurance qu'elle a sur scène pour redevenir une petite fille réservée dans la vie. Évidemment, la stature de Delon m'intimide un peu. Ma relation avec lui mêle le respect à l'intimité. Elle m'inspire le titre éponyme de mon troisième album : *Je te dis vous*.

Nous sommes proches malgré la distance, de l'âge, de l'expérience. Il me donne des conseils, me met en garde contre les pièges de la célébrité. Ceux dans lesquels on tombe par imprudence, et les autres, les obligatoires, ceux auxquels il est impossible d'échapper. Comme la solitude, l'isolement forcé par la gloire. Ses phrases sur le coût de la notoriété me terrifient. Je trouve ça cher payé, moi qui connais la sensation de vide, la ronde silencieuse des objets, la voix de maman qui ne parle plus dans le téléphone. Je lui en veux de m'annoncer le froid, l'absence. Même si je pressens qu'il a raison. Le coup des rapports faussés parce qu'on est célèbre, de l'éloignement avec des proches, de la paranoïa possible à force d'être trop connue. Les fans et les photographes peuvent prendre une part trop importante de votre vie. Comme Dietrich, qu'on me cite souvent en modèle, avenue Montaigne. Ou Delon lui-même, enfermé dans son statut de superstar. Il éprouve certainement le syndrome qu'il me décrit. Je sens que, m'aimant un peu, il se projette sur moi. Même si notre relation est platonique, il m'apporte une tendresse dont j'ai besoin.

*

Le troisième album se passe bien et mal à la fois. Nous l'enregistrons en Angleterre, à Twinckenham avec Robin Millar, le producteur de Sade, aux commandes. De nouveaux auteurs-compositeurs sont aussi de la partie, comme Marc Lavoine et le fameux Sam Brewski qui m'a écrit « Il me dit que je suis belle ». Sur cet album, il y aura aussi « Entrer dans la lumière » qui est devenu la chanson préférée de mon répertoire. La joie d'avoir de nouvelles collaborations et de belles chansons comme « Entrer dans la lumière », qu'ils m'ont écrite tous les deux, m'est gâchée par Didier Barbelivien qui considère avoir perdu l'exclusivité qu'il avait sur moi avec François. Ombrageux, il ne supporte pas de devoir partager l'affiche avec d'autres auteurs-compositeurs. Alors il fait la tête, se montre cassant et désagréable. Il me rabaisse dès qu'il le peut, me parle sur un ton agressif. Moi qui l'avais perçu comme quelqu'un de gentil et de respectueux, je ne le reconnais plus. Je suis déçue, mais surtout je suis blessée. Son agressivité m'atteint, son mépris me remet en question, me fait perdre complètement confiance en moi. Alors, je ne me défends pas. Je le laisse faire. Son attitude gâte la gestation du disque.

J'en sortirai brouillée avec Didier Barbelivien. Il faudra des années loin de lui pour avaler le différend, oublier, ou adoucir la blessure infligée pendant *Je te dis vous*. D'ailleurs, je l'ai recroisé récemment. Il sortait de l'Élysée, je marchais sur le trottoir de la rue du Faubourg-Saint-Honoré. Il s'est arrêté pour me saluer et nous avons discuté. Il était charmant et visiblement heureux de me croiser par hasard. Nous nous sommes dit que nous allions nous revoir. La vie, quoi.

Je ne suis pas rancunière même si je n'oublie pas. J'ai trop la notion du temps et de la fragilité des choses et des êtres pour le perdre à en vouloir à ceux qui m'ont fait mal. Didier était là à mes débuts, ça compte. Quand quelqu'un m'agresse d'une manière ou d'une autre, je gagne en lucidité. J'essaie toujours de trouver une explication rationnelle à ce comportement. Et si je n'en trouve pas, j'essaie de mettre de côté, provisoirement au moins, la colère qui pourrait m'animer. Et puis, par orgueil, je m'efforce de pardonner, d'être magnanime, de me placer au-dessus, dans le bon, le beau.

Comme avec des collègues dans un bureau, les rapports dans le milieu de la musique ne peuvent être linéaires. Avec Barbelivien, nous avons été connectés et complices pour les deux premiers albums. Autre opus, autre état d'esprit. Pour le troisième, le lien entre nous s'est abîmé, mais ça n'a pas modifié la qualité de ce *Je te dis vous*. Sa réalisation aurait seulement pu être plus agréable pour moi.

Ces couacs n'empêchent pas l'accueil chaleureux que le public réserve au disque. Encore quelques millions de disques vendus qui enthousiasment Cyril. Cette réussite internationale me vaut une autre Victoire de la musique, une reconnaissance dans mon pays. Je suis consciente, avec Richard et Cyril, que cette réussite à l'étranger est due à l'investissement que nous avons su y faire, à mes choix, mais aussi, à l'origine, à la région dont nous venons. Quand on grandit à la frontière, on ne pense pas en termes de nationalité. Et puis, on est peut-être un peu influencé par une certaine discipline allemande qui nous pousse à travailler, à faire mieux, à produire les efforts nécessaires. En tout cas, dans le panorama de la chanson française, je fais figure d'exception.

11.

Foules de charme

On ne maîtrise pas toujours ce que l'on provoque. Surtout lorsqu'on est une femme. Je n'aurais pas dû, j'avoue, m'habiller comme ça. Mais ce n'est pas ma faute, sur la scène, je me permets tout comme dans un monde parallèle qui n'aurait pas d'incidence sur l'autre, le vrai, le réel, les gens. J'ai enfilé tout à l'heure une robe couleur chair. Longue, moulante, en maille. Ici, à Hanoï, une chaleur humide règne hors de la climatisation des loges. À peine ai-je posé un pied dehors que je suis en nage. En quelques secondes, ma robe est trempée et l'illusion parfaite. On me croit nue parce qu'on me voit nue. Transparente, ma robe ne me couvre plus. Davantage que sexy, je suis indécente.

En un instant, je mets le public masculin en ébullition. Il ne se contrôle plus et déborde vers les échafaudages où la scène a été installée. Je vois, sidérée, des rangées entières de Vietnamiens avancer anarchiquement. Les chaises des officiels ont valdingué, les rambardes sont tombées, la foule se rue en avant.

Vers moi. Je continue le show mais quand je distingue le bruit métallique des échafaudages qui vacillent sous la pression des dix mille spectateurs, je m'arrête.

Ils sont devenus fous à la vue de mon corps. Je suis touchée bien sûr, sauf qu'ici, au Vietnam, l'effet est aisé. Le Vietnam s'ouvre à peine aux étrangers après un long embargo. Le pays respire un peu après des années d'oppression. Le peuple, convalescent, a besoin de temps pour se réhabituer à l'air de la liberté. Je suis flattée, vraiment, mais s'ils pouvaient éviter de faire s'écrouler la scène… J'ai eu peur. Je regrette ma tenue jusqu'à ce que paraisse le *Times* avec un article me concernant et un titre très flatteur « French Madonna rocks Hanoï ». J'apprécie le compliment, en grande admiratrice de Madonna.

Je viens de commencer ma deuxième tournée, mon *Tour de charme* de cent cinquante concerts en Asie, en Allemagne et en Finlande, à Londres aussi. Mais surtout et c'est une grande première : aux USA ! Comme toujours, je suis heureuse d'être en tournée, mais cette fois, j'ai eu du mal à laisser papa. Depuis le décès de maman, il ne va pas bien. Il se laisse aller, il boit un peu trop, il ne rit plus. Il vieillit. J'ai l'impression de l'avoir abandonné de l'autre côté de la terre. Je suis à l'autre extrémité de la planète, en Asie, à l'est du monde. Au Japon.

*

Nous sommes en pleine nature et le ciel est clément. D'un bleu aussi foncé que l'eau de la petite rivière est transparente. Je respire. Je porte un kimono gris-bleu magnifique qui me détend comme un bain velouté de thé vert. Les oiseaux chantonnent pour accompagner le cliquetis de la rivière. Nous savourons une délicieuse fondue japonaise que l'on nomme ici Shabu-shabu. Je regarde Cyril, il me sourit. Notre table est une petite maison isolée où nous déjeunons, assis en tailleur. Décidément, j'apprécie ce calme, cet art de vivre, cette île qu'est le Japon. Je me sens bien, dépassant mes inquiétudes.

Dans ces cas-là, quand je me sens bien, je me détends. Surtout qu'ici la nourriture est excellente, goûtue, saine et subtile. Nous allons de *teppanyaki* en *teppanyaki*. Je suis presque droguée à ces restaurants japonais où l'on cuit sous vos yeux les aliments sur une plaque en métal brûlante. Et entre deux escales gastronomiques, je chante.

Cette clarté du ciel japonais m'apaise momentanément... Décidément, j'aime l'Asie. Je découvre des rizières, des temples, des fleuves. Au Vietnam, sur le Mékong, je navigue dans une barque et pose pour l'objectif de Claude Gassian. Un instant de magie photographique. Avant l'eau, nous avons vécu un grand moment avec l'armée de terre vietnamienne dont j'ai essayé les casques pour le photographe. Les eaux du fleuve, particulièrement paisibles, ont quelque chose d'envoûtant. Comme un secret qui se diffuse. Nous naviguons tranquillement et je suis sous le charme de l'endroit et de la situation. Je parviens presque à être dans le moment, moi qui vis tout à demi-inconsciente. Je suis bercée par le bruit du moteur et de l'eau sur la coque, je contemple le Mékong. Mais la barque stoppe net. Le moteur est en panne. Des rames feront l'affaire sauf que, pour l'instant, il n'y en a pas. Nous sommes au milieu du fleuve et un énorme bateau se pointe. Il pourrait très bien ne pas nous voir et nous foncer dessus. Nous n'avons pas le temps de nous écarter de son passage. Je suis suspendue au mouvement du géant. Qui finit par ralentir puis s'arrêter.

En Asie, j'ai souvent cette impression de mystère, de secret. Comme au Cambodge où j'ai chanté sur une scène bricolée à la hâte, dans un stade dont j'ai appris qu'il avait été le théâtre de tortures, la salle de travail de barbares. Les Khmers rouges ont massacré dans ce lieu les opposants au régime de Pol Pot. On est partagé, faut-il faire comme si on ne savait pas ou bien faut-il refuser de venir ? C'est le cœur qui dicte ces moments-là, moi je choisirai toujours de chanter pour panser les blessures.

12.

Amour fou

Je n'ai pas encore démarré ma deuxième tournée, je suis au téléphone avec Cyril, chez moi, rue du Sabot à Paris. On sonne à la porte, je pose le combiné. Et, pressée, sans regarder dans l'œilleton, j'ouvre. Un homme que je ne connais pas, de taille moyenne, la vingtaine, barbe naissante, brun, propre sur lui, pose immédiatement le pied sur le pas de la porte, m'empêchant ainsi de la refermer. Comme pour me rassurer, il m'affirme d'entrée de jeu qu'il n'est pas là pour me faire du mal. Au contraire, même. Il est gentil, lui, il veut me protéger contre les méchants. Parce qu'il y a des malfaisants, toute une bande, dont le dessein est de me kidnapper. J'hallucine sur ce que le type me raconte. Et je n'en crois pas un traître mot. Je ris, un peu nerveusement, et je lui demande poliment, en le vouvoyant, si, par hasard, il ne se foutrait pas un peu de moi. Il nie. Je lui demande les preuves de ce qu'il avance. Il les a. Il me les montre.

Et je blêmis à leur vue. Il y a la tombe de maman, la voiture rouge de papa, les enfants de ma sœur

Carine, toutes mes tenues des dernières semaines. Toute ma vie et celle de ma famille qui défilent cliché après cliché. Je suis surveillée de près, donc. D'un coup, je crois mon invité surprise. Quand il lit la frayeur sur mon visage, il se remet à me certifier qu'il ne me veut aucun mal. Il voulait seulement me prévenir. Et il s'en va comme il est apparu. Je claque la porte derrière lui. Je suis abasourdie.

Dans l'appareil que je n'ai pas repris, Cyril s'est inquiété. Il a prévenu le restaurant en dessous de chez moi, leur a demandé de monter voir si j'allais bien. Quand ils arrivent, ils me trouvent en larmes. Je suis dévastée par ce que je viens de voir et d'entendre. L'inconnu me connaît par cœur, de mon adresse à la manière dont je fleuris la tombe de ma mère. Et ses copains dont il dit qu'ils me veulent du mal aussi. Que l'histoire qu'il m'a racontée soit vraie ou pas, je suis avertie qu'on me suit, qu'on me surveille.

Ce jour-là, je perds la tranquillité et le sommeil.

Quand Cyril me rejoint à la maison, je lui annonce que je veux tout arrêter. Ma carrière, mes concerts, ma vie d'artiste. Hors de question que je mette en danger mes proches. Impossible d'avoir à sacrifier leur sécurité et la mienne pour la gloire. Je n'exercerai plus mon métier, comme ça, ils laisseront tomber, ils ne s'intéresseront plus à moi.

Il essaie de me raisonner tout en comprenant parfaitement ma réaction. J'ai peur. Et ça, c'est une première ou presque.

Le jeune homme m'appelle souvent. Trop souvent. Et ses coups de fil sonnent comme des piqûres de rappel de la menace qui plane au-dessus de moi. Mon harceleur me tient toujours le même discours. Mes ennemis complotent toujours contre moi, me dit-il. Je suis, depuis sa visite, au comble de l'angoisse.

Une nuit, alors que je dors assez profondément, un bruit de carreau cassé me réveille brutalement. Je n'arrive pas à dire si je l'ai rêvé ou si ça se passe en vrai. Je me lève, le souffle court, et, sur la pointe des pieds, je récupère dans mon sac ma bombe anti-agression. Je vais très doucement dans la cuisine, d'où il m'a semblé que le bruit provenait. Je m'immobilise. Sur le rebord de la fenêtre éclairée par les réverbères, je vois une silhouette noire avec un masque à gaz se déplaçant silencieusement. Si la situation était moins dangereuse, je rigolerais. Ma bombe me semble bien vaine d'un coup. Je suis ridiculement vulnérable en chemise de nuit, avec mon arme inutile face à ce visiteur masqué. Je retiens ma respiration. Bien que je ne sois pas réveillée du tout, mon cerveau me présente les possibilités clairement. Je décide d'allumer la lumière et soit il entre – il a brisé un carreau pour ça –, soit il part parce qu'il ne comptait pas tomber sur moi. Quelques secondes d'hésitation avant qu'il n'opte pour le deuxième choix. Son ombre s'évanouit dans l'obscurité. Je suis pieds nus, figée comme une statue, remplie d'une angoisse sourde qui tape dans mes veines. Quand je reprends mes esprits, j'appelle la police qui examine de plus près le balcon, le rebord de fenêtre, les gouttières. Ils retrouvent des gants et le masque à gaz. Maintenant, j'ai vraiment peur.

J'en parle à Alain Delon. Il réagit en père protecteur. Il me trouve un type capable de me défendre en cas d'agression physique. Maintenant, j'ai avec moi, en permanence, un garde du corps. Vu la taille de mon appartement, je ne l'ai pas gardé longtemps. Pourtant, ils sont nombreux désormais à s'inquiéter pour moi.

Tout est devenu trop compliqué. Chaque déplacement nécessite des préparatifs et je suis escortée vingt-quatre heures sur vingt-quatre, et tous mes concerts commencent en retard pour cause de fouille à l'entrée. J'ai un garde du corps qui dort dans mon salon, provisoirement, des flics par essaims, et je subis le stress de toute cette armée aux aguets. En plus, je déteste ce mode de vie à la « je-suis-une-star-américaine-mes-gardes-du-corps-portent-des-lunettes-de-soleil », ça me rappelle trop la Russie de mes débuts, ses mauvais côtés, les costumes sombres comme des ombres aux trousses, la lourdeur de l'ambiance. Sur certains lieux de concert, on me fait venir par voie aérienne. À Carcassonne, j'arrive en hélicoptère ! C'est ridicule et gênant, je le supporte mal. Mais le pire n'est pas les contraintes matérielles de la situation, le pire, c'est

Mes parents

Collection personnelle Patricia Kaas

Moi,
le 5 décembre 1966

■ L'ENFANCE

PREMIERS PAS

Sur une de mes premières scènes

Carine, Dany et moi
autour de la voiture familiale

Photos : collection personnelle Patricia Kaas

Paddy Pax ?

LA FAMILLE KAAS

Photos : Collection personnelle Patricia Kaas

Joseph,
dit « Seppy »

■ DÉBUTS

Ma première fois à Paris

Collection personnelle Patricia Kaas

Avec mes complices de toujours, Richard et Cyril

Collection personnelle Patricia Kaas

Collection personnelle Patricia Kaas

Collection personnelle Patricia Kaas

© Bernard Lévy @ Angela de Bona Agency

Ma première télé, je chante « Jalouse »

© Rue des Archives/AGIP

© Bernard Lévy @ Angela de Bona Agency

Collection personnelle Patricia Kaas

J'enregistre « Je te dis vous » à Londres

© Alexandre Moulard

EN SCÈNE

Le soir de la robe en maille à Hanoï

Avec Stéphanie, la danseuse de mon *Kabaret*

ÉNERGIE

© Vladimir Konnov/Collection personnelle Patricia Kaas

© Stéphane Ruet/H&K

Collection personnelle Patricia Kaas

© Philippe Riedinger

Papa et moi

© Oleg Nikishin/Epsilon/Getty Images/AFP

Un petit air de Piaf... déjà !

Ukrai
Міжнар

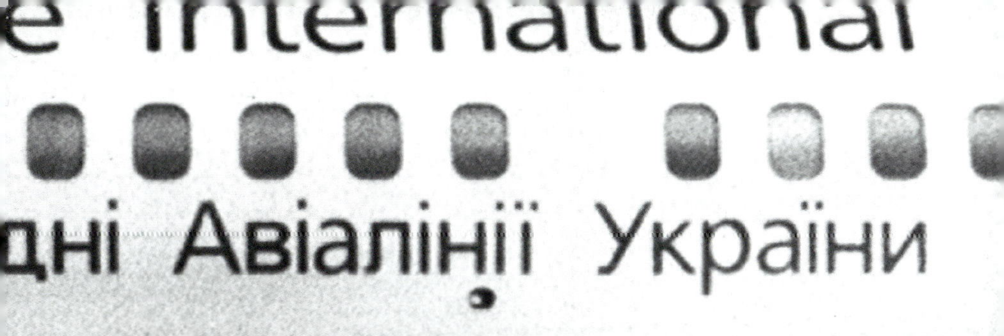

AUTOUR DU MONDE

Chine
© Stéphane Ruet/H&K

Collection personnelle Patricia Kaas
En Russie

Collection personnelle Patricia Kaas
Un des visuels de la campagne publicitaire de L'Étoile

Au Vietnam
© Claude Gassian

© André Rau / H&K

Photo : D. Sardenne. Document conservé aux Archives nationales, Paris. Cote : 2358 1822

SOUVENIRS

Quelques hommes que j'ai pu croiser dans ma vie et Téquila ma beauté !

Conception graphique et maquette : RGB. Direction artistique : Studio de création Flammarion

© André Rau / H&K

© Sylvie Lancrenon / H&K

le climat de frayeur, de suspicion et de paranoïa dans lequel le type m'oblige à vivre. Je le déteste pour ça. Il modifie mon regard sur les fans. Je suspecte désormais toute déclaration d'amour, tout geste d'amitié un peu trop exacerbé, toute présence un peu trop soutenue. Je doute de tout et cela, c'est terrible. Je crains dorénavant ce qu'avant je ne remarquais même pas.

Un jour, j'ai reçu un courrier de fan. Lorsque je l'ouvre, je découvre ceci : « Je vous préviens, mon mec est amoureux de vous, il vous a demandé un autographe, vous n'avez pas répondu, je vous préviens, il est devenu dangereux, il boit, il est armé, protégez-vous. » Je préviens la police qui, prenant l'affaire très au sérieux, décide de m'octroyer une protection lors de mes concerts…

Je suis sur scène à Besançon, je commence à chanter « Il me dit que je suis belle ». Et je vois un homme se lever, des roses à la main. Il s'approche doucement, mais fermement, me semble-t-il, de la scène. Combien de fois est-ce arrivé, pourtant, que des fans dans le public viennent à moi pour m'offrir un bouquet ? Des filles comme des garçons, des hétéros comme des gays qui sont bien représentés dans mes admirateurs. Combien de fois ça m'a touchée de les voir vaincre leur timidité et tenter de me rejoindre avec un présent ? En l'occurrence, comme j'ai l'impression d'être l'actrice principale d'un mauvais film dont j'ai le mauvais rôle, je tremble presque. Je jette un œil affolé en direction des musiciens et des techniciens, j'essaie de leur faire comprendre qu'un truc anormal se passe. Avant que l'homme soit à dix mètres de la scène, la sécurité l'attrape, le plaque à terre et le ramène, un peu brusquement, sur les côtés. Soulagée, j'achève mon concert sans incident. Et je me renseigne sur l'identité du suspect. Peut-être était-il le déséquilibré dont me parlait la lettre reçue la veille. J'apprends que le suspect n'en était pas un. Ses intentions étaient bonnes et pures. C'était juste un pauvre fan heureux d'aller à ma rencontre !

Une autre fois, à la fin d'un show à La Rochelle, un mec court vers moi avec un sac en plastique qu'il brandit. Avant qu'il n'ait eu le temps de me l'offrir, Cyril, qui ne me quitte pas, le bloque dans sa course et vérifie le contenu du sac. Dedans, il y avait… un tee-shirt sale, porté par lui pour moi. Lui non plus ne me voulait pas de mal, seulement m'offrir un peu de son odeur. La peur vous fait faire souvent n'importe quoi et le moindre des gestes peut vous paraître hostile.

*

Aujourd'hui, le contenu de l'appel a changé. « Mon fou » (comme je l'ai surnommé) m'a téléphoné pour me donner rendez-vous. Il n'est plus question du gang armé qui me traque pour m'enlever. Quand je l'interroge sur le motif du rendez-vous, il reste mystérieux. Sur le reste, il est précis. Il m'ordonne de m'habiller en blanc et de le rejoindre le jour dit à l'heure dite à l'église de Saint-Germain-des-Prés. Je dois faire ce qu'il me dit sans poser de questions.

Après avoir raccroché, je préviens immédiatement l'équipe chargée de me protéger. Malgré le risque que j'encoure, je prends sur moi, cette fois : nous avons l'occasion idéale pour l'arrêter et nous allons la saisir Je n'en peux plus, je veux que ce délire s'arrête. Et la seule manière est d'empêcher le jeune homme de me nuire en lui passant les menottes.

Je me suis habillée comme il l'a demandé. En blanc. Je me suis faite belle, on ne sait jamais ce qui peut arriver. Et quand je me suis regardée dans le miroir, j'ai souri. Absurde. Toute cette histoire, depuis le début, n'a pas de sens. En fait, comme dans les mauvais films, je me prépare à piéger mon promis. Cyril et Richard sont là, ils discutent à côté, dans le salon, pendant que je me prépare à la rencontre fatale. Des policiers en civil sont postés devant et dans l'immeuble, jusqu'au quatrième étage. L'immeuble est super sécurisé, alors ma porte est ouverte. Je suis prête, et là, dans l'entrée, devant moi : le fou ! Il est entré dans mon appartement. Je suis stupéfaite. Je ne comprends pas comment il a fait pour arriver jusque-là avec tous les flics autour. À moins que tout le monde l'ait pris pour un inspecteur, lui aussi, en civil… Je suis pétrifiée mais je me rassure en me disant que je ne suis pas seule, que mes deux amis sont là. Il ne m'arrivera rien. Je me rappelle en un éclair qu'ils ne connaissent pas son visage, qu'ils ne l'ont jamais vu et risquent de ne pas comprendre la situation… Alors je parle bien fort et je dis : « Ben, qu'est-ce que tu *fous* là ? Je croyais qu'on avait rendez-vous à l'église de Saint-Germain-des-Prés ? »

Mon rendez-vous semble mécontent. Il fait le geste de porter la main à sa veste, comme pour prendre un flingue. Une façon de me signifier qu'il est peut-être armé. En voyant Richard et Cyril s'avancer, il crie : « Ces deux-là, dehors ! » Il ne faut surtout pas qu'ils sortent. Il faut absolument que j'empêche cela. Je réfléchis, à une vitesse vertigineuse que l'adrénaline stimule, et je tente la voie psychologique et diplomatique. Je sais qu'il est amoureux de moi. *Fou* amoureux de moi. Il doit chercher des moments d'intimité et de tendresse avec moi.

Je dis : « Non, non, ces deux-là pas dehors, ce sont mes amis et ils n'en ont rien à faire de ce que nous avons, tous les deux, à nous dire. De toute façon, ils vont aller dans le bureau, là, derrière. Nous, on va se mettre là, gentiment. On va discuter. Et tu vas me dire ce que tu veux, ce qui se passe. OK ? » Il opine mollement du chef. Il est d'accord pour être seul avec moi, il ne rêve que de ça. Je reprends espoir. Je contrôle un peu mieux la situation. Cyril et Richard passent derrière et ferment la porte. J'invite le dingue à s'asseoir avec moi dans le salon. J'essaie de dialoguer. Je lui pose la question : « Pourquoi tu débarques comme ça chez moi ? » Sa réponse est incohérente, je l'écoute à peine. Je pense à mes amis qui, forcément, vont utiliser le téléphone du bureau. Je pense que le combiné du salon les trahira par un clic. Alors, je fais tout pour qu'il ne l'entende pas. Je reprends la main sur notre petite conversation. Et je parle fort, très fort pour couvrir le son de la ligne. Je parle longtemps, sans arrêt ; moi aussi je dis n'importe quoi. Au bout d'une dizaine de minutes de bavardage ininterrompu, des coups légers sur la porte se font entendre.

Il réagit mal, fait son geste de menace, porte la main à sa veste. Je réagis rapidement, j'appelle en disant : « Eh les mecs, vous pouvez ouvrir ? Ce sont les cafés qu'on a commandés tout à l'heure au resto d'en bas. » Ma répartie est tellement spontanée qu'il me croit sur parole. Mes deux complices sortent du bureau pour aller ouvrir la porte. J'essaie de ne pas les regarder quand ils passent, je fais mine d'être absorbée par notre tête-à-tête. Après tout, ce ne sont que des cafés, et je n'ai pas de raison de m'interrompre. Je reste naturelle. Je me doute que Cyril et Richard ont prévenu les flics et que ce sont eux qui se tiennent derrière la porte. À peine entrebâillée par Cyril, elle vole sous la ruée policière. Mon fou se jette par terre tandis que les policiers cherchent à le maîtriser. Il se tape la tête sur le sol en hurlant, à mon adresse « Je t'ai fait confiance ! Je t'ai fait confiance ! », et il attrape sous sa veste un talkie dans lequel il dit rapidement : « Va-t'en, je me suis fait prendre, dépêche-toi… »

*

C'était ça, son arme… Ni flingue ni couteau, un talkie.

Ses cris de reproche et son avertissement à un éventuel complice m'obsèdent. Alors que les policiers ont quitté mon appartement avec le fou menotté, je ne trouve pas la paix. Sans me sentir coupable, je ressens un pincement quand j'entends en écho son accusation. Et surtout, il n'est pas seul. À qui parlait-il dans le talkie ? Si un autre homme marche avec lui, il dispose des mêmes informations ultra précises et complètes sur moi, ma vie, mes proches. Il faut que j'appelle ma sœur, je préfère qu'elle quitte son appartement, momentanément, c'est plus prudent vu qu'il a son adresse, le temps de vérifier si un danger court toujours.

Je suis encore sous le choc. Sur le moment, j'ai trouvé les ressources nécessaires pour sortir de cette situation. Après coup, je me relâche. Pas totalement. Le soulagement, la fin de la peur, je n'y suis pas. Je tremble, je fais face depuis des mois à une menace continue et diffuse. Insupportable. Ça a trop duré. Et comme mes frères ont voulu protéger maman lors de mon accident de voiture, moi bien sûr je n'ai rien dit de tout ça à ma famille. Surtout ne pas les effrayer.

*

Mon fou est en prison. Mais il ne va pas y rester bien longtemps. Comme il ne m'a pas blessée, la justice n'a aucun motif pour le garder enfermé. Qu'il soit fou, et qu'il m'ait menacée, ne suffit pas. On condamne sur pièces, sur effraction, sur sang, sur coups et blessures. On ne peut le juger pour les dégâts intérieurs dont il est néanmoins responsable. Il me pourrit la vie depuis plus d'un an. Il m'a plongée dans la peur, qui ne me laisse plus aucun répit. Mais, et je le comprends, d'un point de vue juridique, il ne m'a rien fait ou si peu. Alors, quelques mois après son arrestation, il sort de prison. Je suis anéantie lorsque Cyril et Richard me l'annoncent, à Strasbourg, avec des mines d'enterrement. Je n'ai pas même regagné un peu de sérénité que l'enfer va recommencer. Je le sens. Le fou n'est pas homme à abandonner. Plus son amour est blessé, plus il aime follement. Je le sais : il n'a pas fini de nuire. Sa passion redoublée, il va faire pire.

Quelques mois plus tard, je reçois un appel inquiétant de Cyril. Lui qui est toujours si calme, flegmatique, presque anglais, il parle vite d'une voix qui trahit sa panique. Je comprends immédiatement que le fou a encore fait des siennes. Cyril m'informe qu'il a kidnappé son assistant. Il a débarqué dans les bureaux, il est tombé sur le jeune homme, il l'a menacé, ligoté, et lui a ordonné de nous appeler pour nous prévenir. Au bout du compte, il suit sa logique. Dans son raisonnement, la séquestration après la violation de domicile, la menace, le harcèlement, ce n'est pas si extraordinaire.

Cette fois, il est venu pour récupérer des informations sur moi. Il s'est dit que, dans les tiroirs de la société, il aurait tous les détails, les images qui lui manquaient ou d'autres choses qui me concerneraient intimement. Alors, il a tout volé, des projets de chantages plein la tête. Avant de s'enfuir, il libère son otage sain et sauf. Avec la police, qui avait été prévenue, sur ses talons. Commence une filature à l'issue incertaine… Décidément, j'ai perdu espoir de me débarrasser de ce problème qui m'empêche de vivre depuis trop longtemps. J'essaie de me faire à l'idée que je vivrai toujours avec quelqu'un dans mon dos. Que je sentirai toujours sa respiration, son souffle dans ma nuque, à ce fou qui m'aime tragiquement. La perspective me terrifie. Mais force est de constater que nous sommes dans une impasse, lui et moi. Je ne peux rien lui donner et surtout je ne veux rien lui donner. Et lui, bon sang !, qu'il me fiche la paix !

Désormais activement recherché, mon fou a sa photo affichée partout. Une employée des Postes l'a reconnu et a immédiatement contacté la police. Désormais, les flics savent où il travaille et sauront bientôt où il habite. Ils ont l'adresse de sa planque. Ce qu'ils y découvrent me glace : sur les quatre murs de la pièce, des centaines de photos de moi sont accrochées. Je suis partout, mon image étalée en quatre dimensions. Il détient une véritable collection d'images de moi.

La police le suit pour un autre motif que son obsession. Il est soupçonné d'arnaques, de détournements de fonds. Et c'est pour cela qu'il plonge. Définitivement. D'après ce que l'on m'a raconté, il aurait mal réagi à l'interpellation. Il est mort sur le coup.

Je devrais être rassurée, me disent certains, maintenant que je suis libérée de la menace. Impossible. Je ne peux me réjouir de la mort de personne, pas même de la sienne. Ce garçon était malade, il m'aimait d'un amour comme lui, malade. Ce n'est pas un motif pour mourir, plutôt une raison de se soigner. Et puis, à mon insu et comme pour bien des victimes qui tissent un lien avec leur persécuteur, j'éprouve pour lui quelque chose qui ressemble à de l'attachement. Sa vie était déprimante, sa mort l'est tout autant. Je me sens un peu coupable.

*

La foule qui s'excite, les fans qui confondent leur fantasme et la réalité, les attitudes qu'on hésite à qualifier, gentille ou trop gentille, la menace n'est jamais loin, la limite toujours floue entre le fan et le fanatique. Les dents se profilent parfois derrière le baiser de l'admirateur. Ils me trouvent belle, aiment mes chansons, viennent à tous mes concerts. Ils osent parfois un bouquet, une dédicace, un petit mot à la fin des spectacles. Les plus inspirés m'envoient des lettres écrites avec le cœur, les plus téméraires me font des déclarations. J'ai rencontré des gens qui consacraient leur vie à suivre la mienne. Une femme avait même conçu un musée Patricia Kaas à l'intérieur de son camion avec des objets comme les bouteilles d'eau minérale dans lesquelles j'avais bu. Elle avait récupéré comme un talisman les paillettes d'une de mes robes de scène. De quoi être bouleversée, étonnée, effrayée. Comment discerner la frontière ? Je peux comprendre cet amour irraisonné mais il est difficile de s'empêcher d'en avoir peur.

Le fan, lui, connaît les limites à ne pas franchir. Le fou les ignore. Parce qu'il a perdu ses repères et qu'il interprète la réalité à sa manière. Un peu comme l'artiste, en somme ! Le fan fou est dangereux. Pour l'objet de son obsession et pour lui-même. La preuve. Quand l'admiration frise l'excès, elle me semble suspecte. Si, dans la foule de mes fans, des hommes se montrent trop présents, et c'est arrivé quelques fois, je leur explique : « Si vous m'aimez vraiment, laissez-moi tranquille. » J'ai aussi appris à être plus directe ! Pas toujours facile de ne pas donner aux fans ce qu'ils demandent, voire ce qu'ils réclament.

Quand ils m'attendent le soir à la sortie de mes concerts, pour me voir, me parler, me faire signer un autographe, poser sur une photo avec eux, je suis heureuse. Mais pas toujours en forme. Je comprends qu'ils attendent de moi le sourire, le merci, l'amitié, les embrassades. Eux ne peuvent pas comprendre que moi, je ne suis pas bien ce soir parce que je me suis disputée avec mon mec, parce que je suis épuisée. Que je n'ai pas du tout envie de sourire sur des photos, ou que j'ai quelques soucis personnels, indépendants d'eux. Alors je me fais violence, je donne la main, le visage, le sourire. Je prends sur moi parce que je les aime. Ils sont prioritaires sur Patricia. Je fais de mon mieux.

Mes fans ne sont pas toujours tant dans l'extrême. Ils peuvent aussi devenir mes amis. Je voyais souvent Copine – appelons-la comme ça – avec d'autres filles, elles venaient à mes concerts. À force de la voir, je l'ai remarquée. Un soir, je lui ai donné des *pass* pour qu'elle et ses amies puissent me rejoindre dans les coulisses. Nous avons discuté et, au concert d'après, je les ai revues. Et ainsi de suite, jusqu'à ce que nous sympathisions vraiment. Maintenant, Copine est une amie chère. Elle n'a pas besoin de se coiffer comme moi, de s'habiller pareil que moi, de porter le même parfum que moi, c'est une femme différente. Copine a une existence normale à côté de son intérêt pour moi. Je ne suis pas sa drogue mais sa distraction.

Mon fou n'est plus mais les conséquences de sa folie et de sa mort subsistent. Quelques jours après le drame, sa maman m'a téléphoné. Pour essayer de comprendre. Ses larmes de mère me brisent le cœur. Elle me répète que son fils m'aimait, qu'il était gentil, qu'il ne me voulait pas de mal, et qu'il n'aurait pas dû mourir. Je suis émue, mal à l'aise, je ne me sens pas coupable, je voudrais bien lui rendre son fils. Je voudrais refaire le film, réécrire la séquence. Mais non, j'ai cette femme en pleurs dans l'écouteur qui m'accuse d'un malheur terrible. Mais moi, je ne sais pas lui répondre, je n'ai rien à dire. La victime, c'était moi. Désolée.

*

La peur ne m'a pas quittée. Le moindre bruit, la nuit, me réveille. Je mets des heures à m'endormir, aux aguets, les nerfs à vif. Je ne peux plus fermer l'œil si une lampe n'est pas allumée dans ma chambre. Je sursaute au moindre craquement, je me lève plusieurs fois pour vérifier que j'ai bien fermé la porte. J'ai peur qu'on me regarde, je flippe dès que c'est avec insistance.

Ces deux ans de harcèlement m'ont un peu traumatisée. Je vis encore dans la terreur ; pour un peu j'apercevrai encore mon fou dans la foule. J'ai beaucoup de mal à dormir seule, j'ai besoin de me sentir protégée pour fermer ne serait-ce qu'un œil. J'essaie de me raisonner, de me dire que je ne crains plus rien, mais je ne peux pas m'empêcher de sentir que je ne suis pas en sécurité.

Des mois sont nécessaires avant que, de nouveau, je puisse sortir de chez moi sans imaginer le pire. Mais je redoute d'être seule chez moi. Au bout d'un très long moment, je surmonte l'épisode et même j'en tire profit. Comme j'ai vécu le pire – et qu'il n'est pas question qu'il se reproduise –, je me sens capable de désamorcer des situations un peu limites. Avec le fou, en fait, je me suis blindée. Je peux maintenant résister aux attaques des fans trop insistants. Je suis immunisée. Il ne peut plus rien m'arriver, le pire s'est déjà produit, enfin, je l'espère.

Et pourtant, ce n'est pas la première fois que je me trouve confrontée à la violence. Très jeune, adolescente, j'ai goûté l'amertume de la force virile, j'ai compris assez tôt ce que je risquais en tant que femme. Le premier mec et la première raclée resteront secrets longtemps. Je flirtais avec lui, et il était plus âgé que moi, ce qui le mettait de fait en position dominante. Il me trouvait à son goût et m'avait séduite avec des sourires charmants, des attentions délicates. Je dois avouer qu'au début il était gentil. Puis, le temps passant, quand je ne faisais pas ce qu'il voulait, il devenait violent, méchant. Il s'énervait contre moi comme s'il n'arrivait pas à me posséder. Les choses se sont compliquées un jour, lors d'une sortie en discothèque avec des potes. Peut-être fâché de ne pas avoir été convié à cette soirée, il m'avait suivi, de loin. Arrivé dans les lieux, il m'a demandé de sortir avec lui sur le parking. Comme je ne voulais pas faire d'histoires, j'ai accepté. L'endroit était glacé et moi je tremblais de froid, il m'a posé son blouson de cuir sur les épaules et là, à l'abri des regards, il m'a giflée, il m'a tabassée.

Ce n'est pas tant la douleur que l'humiliation d'avoir à supporter ça de la part d'un homme. J'avais beau avoir le visage marqué, la tête lourde, le corps endolori, je ne me regardais pas comme une victime. Il avait beau m'avoir cognée sur un parking pour rien, pour le plaisir de se défouler, par folie peut-être, par saloperie certainement, par bêtise assurément.

L'idée de porter plainte ne m'était même pas venue. Premièrement, personne ne me forçait à sortir avec ce type. Deuxièmement, je l'ai suivi sur le parking sans me méfier. Je m'étais mise toute seule dans cette situation. Je ne méritais pas ce qui m'était arrivé, je n'avais pas grand-chose à me reprocher mais je ne risquais pas d'avoir l'audace de m'en plaindre. Car, sur ce coup-ci, j'étais punie justement : j'avais menti à ma mère. Je m'étais bien gardée de lui raconter que je sortais avec cet homme. Elle le connaissait et ne l'aimait pas. Surtout, elle n'aurait pas supporté de savoir sa fille avec un mec plus âgé et encore moins le coup de la gifle ! Alors j'ai vite enfoui tout ça au fond de moi. Sans un mot.

Mon fou, en réalité, n'a fait que réveiller la peur qui sommeillait en moi depuis l'adolescence. La crainte de l'agression physique. Il m'a fait revivre une tension originelle terrible que je n'ai jamais laissée échapper. Je ne supporte pas d'être la victime, celle qu'on force, qu'on enchaîne.

Je m'en souviendrais lorsqu'en Ukraine, en 2008, une artiste, Svetlana Loboda, m'a demandé de la soutenir dans sa campagne de prévention sur les violences faites aux femmes. Je me suis engagée à ses côtés. Sur les affiches, nos visages tuméfiés ont fait forte impression.

13.

Pauvre de moi, j'y crois…

Je referme la porte, des étoiles qui brillent dans les yeux, des chandelles qui vacillent, le cœur qui vibre de toutes ses cordes. Il vient de m'embrasser et ce baiser long, langoureux, passionné, amoureux, s'est répandu dans tout mon corps, des pieds à la pointe des cheveux. Je suis prise par une tiédeur suave, je me mets à rêvasser. Il est très beau, mon amoureux. Si beau que je n'osais pas penser pouvoir lui plaire. Je ne me trouve pas belle. Lui… il est craquant.

Je l'ai rencontré sur une tournée. Il est auteur-compositeur et interprète. Il s'est taillé une petite réputation dans un pays voisin et tente de percer ailleurs. J'ai remarqué, bien sûr, que le chanteur avant moi était joli garçon mais quand je travaille, je suis sourde et muette à tout ce qui ne concerne pas mon boulot. Et puis l'ambiance, sur les concerts, s'approche plus de celle de la caserne que des comédies romantiques. Il n'y a que des hommes autour de moi. Ils me savent habituée alors ils ne craignent pas de sortir leurs blagues graveleuses, leurs remarques misogynes, leurs aventures. Ça me fait rire. Et ça devrait me donner une lucidité incomparable sur la gent masculine, voire un certain cynisme. Pourtant, malgré tout ce que j'entends, je suis encore capable de sentimentalisme, enfin j'espère…

Mais je ne suis pas à l'aise en amour, un peu intimidée peut-être. Je n'ai pas vu mes parents s'embrasser, se dire des mots doux. Ma mère, sur le sujet, était plutôt pudique… Chez nous, on ne disait pas : « Je t'aime. » Alors moi, j'ai du mal avec cette phrase, je suis gênée qu'on me la dise et pour être franche je ne la prononce pas souvent, cette phrase. Comme si ça voulait dire tout et rien. Ça me glace. Les gens ne se rendent pas compte, à la balancer à la moindre émotion. J'ai peur, moi, de ce qu'un « Je t'aime » implique. Les hommes me le reprochent. Ils m'accusent de trop cultiver le silence, de ne pas me livrer, de ne pas m'abandonner. Je me donne sans me donner. Toujours prête à me reprendre.

Ce matin, mon amoureux m'a regardée d'une certaine manière. Ses bras autour de moi, serrés, et la douceur de sa bouche. J'ai envie de rêver, d'y croire à cette aube, à ce truc qu'il a dans le regard et qui me plaît tellement. Hier soir, nous ne nous sommes pas quittés des yeux. C'était la fête, après une série de concerts au Zénith de Paris, que j'ai organisée et à laquelle je l'ai convié. Je fais toujours ça, une soirée géante pour clore tous nos efforts, notre fatigue, nos joies de mois de balade à travers le monde. On boit, on danse, on s'amuse bien en général. Celle d'hier était particulièrement réussie. Elle s'est achevée tout à l'heure, vers 7 heures du matin, chez moi. Nous étions une dizaine à vouloir prolonger la nuit. Nous avons atterri ici avec des pains au chocolat et des croissants chauds et nous avons continué la fête comme ça, avec un petit déjeuner. Un moment intime et précieux. Sur le pas de la porte, il m'a dit de belles choses. Je suis touchée, moi, par ses phrases. C'est plaisant de se voir une jolie personne dans l'œil d'un homme comme lui. Normal. Je suis fragile encore d'avoir eu peur...

Il m'a embrassée, celui que j'avais envie d'aimer, et le poids de ces dernières années s'est envolé. Un moment magique. Dont je me force à penser qu'il ne va pas durer. Fugace et bon. Un baiser unique, pas d'avenir, un souvenir. De toute façon, dans mon métier, la pérennité est un mot inadapté. La vie d'artiste, Alain Delon me l'a assez répété, mène à la solitude. Alors je ne crois pas à une histoire d'amour, je me contente de croire à ce baiser. En plus, il habite à l'étranger, ce qui n'augmente pas nos chances d'avoir un futur ensemble.

Mais deux jours après cet épisode, mon amoureux m'appelle pour me dire : « Je veux vivre avec toi, je viens à Paris. » Je suis estomaquée, emballée. J'accepte, je suis sous le charme de l'homme, de la situation. J'ai du mal à y croire. Convaincue d'être amoureuse, je le laisse emménager chez moi dans le VIe arrondissement. Nous commençons ensemble une vie de couple. Qui ne ressemble pas à celle des couples ordinaires, parce que ma carrière me laisse peu de répit et qu'il est très occupé à essayer de lancer la sienne. Au début...

Je suis heureuse, j'ai le sentiment de revivre, de respirer. La presse s'empare de l'histoire et en fait ses gros titres. On me pose plus de questions en interview sur ma relation avec mon petit ami que sur l'album que je suis en train de réaliser. On me piège avec des questions fermées. Pour mon amoureux, la situation est moins gênante. Dans sa carrière, il ne se passe pas grand-chose et je sens une légère amertume affleurer parfois chez lui. Dans ces conditions, pas évident d'assister à mon succès, d'être le témoin quotidien de ma notoriété. Je le comprends et, comme je l'aime, je veille en permanence à ne pas trop blesser son orgueil.

Je le gâte beaucoup, maintenant que j'ai de l'argent. Il est mon homme, alors c'est normal. Et puis, j'ai tendance à me sentir facilement coupable. Certaines personnes de ma famille, de mon cercle d'amis, me font remarquer, au passage, combien il a de la chance de vivre à mes côtés. Des allusions que j'entends mais que je juge perfides. Je n'ai pas envie de m'avouer qu'il est avec moi pour ce que j'ai ou ce que je suis. L'idée, trop peu flatteuse, violemment triste, je la repousse comme je peux. Parce qu'elle est liée à l'autre, plus atroce encore, l'idée d'être trompée. La réalité, devrais-je dire. Malgré l'évidence qui se construit indice par indice, je m'obstine à m'aveugler. Je persiste dans mon amour.

D'abord, il continue de s'occuper de ses affaires, de ses compos, de sa carrière d'artiste. Mais, peu à peu, il se met à se concentrer sur les miennes. Il voudrait me filmer, au plus près de mes préparatifs pour ma prochaine tournée, des images intimes filmées au petit déjeuner par exemple, d'autres moments où je travaille à annoter le spectacle, ou bien encore à enregistrer mes réunions de préparation, quelque chose de simple, sans prétention. Alors j'achète une caméra toute neuve, dernier modèle. Je ne me doutais pas une seconde de ce qui allait suivre. Sans me prévenir, il prend rendez-vous avec ma maison de disques et demande à être payé en tant que réalisateur d'un film sur la vie de Patricia Kaas. Cerise sur le gâteau, il demande aussi à être le producteur de ce chef-d'œuvre ! Quelle erreur de perception de ma part ! Je m'enlise dans cette histoire. Mon entourage perce assez vite à jour mon fiancé.

Le fiancé, lui, tente de me convaincre que mon entourage m'est nocif. En fait, il en redoute la perspicacité. Il s'acharne tout particulièrement sur Cyril et Richard dont il considère qu'ils gèrent mal ma carrière. Espère-t-il les remplacer auprès de moi ? Je ne le saurai jamais. En tout cas, au moment où il essaie de m'isoler de mes proches, moi qui pense l'aimer, je refuse la vérité. Je veux rester dans l'amour, j'ai trop peur de le percer à jour.

Ses disques à lui ne décollant pas, il est sans ressources. Il tourne des images de moi, il m'écrit des textes, bref il butine dans ma lumière. Je suis trop conciliante, on commence à me le dire franchement. Et j'apprécie fort peu cette sincérité qui se présente comme de la bienveillance mais que je prends, moi, pour de la jalousie. Cette histoire j'y crois, et je veux la vivre à fond. Hélas…

Il avait l'air de faire la gueule, je lui demandais ce qui n'allait pas, il me répondait qu'il ne supportait plus Paris. Les gens, les embouteillages, le stress… Il me serinait qu'au moins, si on vivait à la campagne, on n'aurait plus ce problème. Que c'était cela la solution. Et moi, je pensais que nos métiers, en effet, nous autorisaient à habiter en dehors de la ville. Alors, moi qui voulais à tout prix que notre histoire soit belle et qu'elle puisse s'inscrire dans le temps, j'ai trouvé une idée : nous chercherions une maison ensemble. Je n'avais jamais eu de maison. J'avais toujours vécu dans des appartements, j'étais prête à le faire puisque j'avais un homme. Je n'aurais pas eu l'idée toute seule. Une maison pour une femme seule, ça ne me serait pas venu à l'esprit. Mais une femme avec un homme ? Ils s'installent ensemble dans une maison et puis après ils font des enfants, et puis après ils reçoivent leurs petits-enfants, et pendant tout ce temps, ils sont heureux. Je crois que c'est comme ça que font les gens normaux.

Bref, j'ai cru tout arranger avec une belle maison tout près de Rambouillet, pas trop loin de la capitale. Une fois dans la nature, mon amoureux retrouverait son beau sourire. Je me suis trompée. Lourdement trompée. Rien ne pouvait plus s'arranger et au fond ce n'était pas Paris le problème. Les arbres n'ont plus rien à cacher. Même nos disputes se sont tues. Notre amour a pourri peu à peu sur sa branche. Cette jolie tiédeur des débuts s'est muée en un vent glacé qui me gerce les lèvres. Et quand nous nous séparons, quand je le quitte, lassée de ses ambiguïtés, de ses tromperies, de son amour monétisé, il ne rougit pas en me demandant de l'argent pour conserver le train de vie auquel, dit-il, je l'ai habitué.

Je suis passée hier dans la maison récupérer quelques affaires qui tiennent dans trois sacs et trois cartons. Il fait frais, j'ai enfilé un gros pull et préparé un thé. L'humidité de la forêt de Rambouillet passe sous les portes. Les feuilles ont déjà jauni et le soleil n'arrive plus à réchauffer l'air. J'aime les grandes fenêtres de cette maison et les bruits d'animaux, le soir, qui passent tout près. J'en aurai peu profité, finalement. Ici, je ne me suis jamais vraiment installé. Je n'y ai presque pas vécu. Peu dormi dans le lit de la grande chambre du haut. Il y a peu de choses à moi, peu de choses à ranger pour les emporter. Pourtant, c'était notre maison. Quand nous l'avons trouvée, il y a quelques mois, j'étais emballée, sur un nuage. Je me projetais dedans, je la voyais comme une cabane pour abriter notre amour. Avec un couple de gardiens à l'entrée pour le protéger. Et puis, je voulais lui faire plaisir.

Mon amoureux n'attendra pas que les feuilles soient toutes tombées pour m'assigner en justice. Il me reprochera bientôt de l'avoir aimé, de lui avoir tant donné. Je suis anéantie. Pas que pour ces raisons mais bien parce qu'il a donné le coup de grâce à tous mes espoirs, il a réussi à effacer mon sourire retrouvé. Le premier depuis la mort de maman.

14.

Le clown triste

Mon quatrième album, je le veux américain. Quand j'arrive ce matin de 1996 à New York, dans une brume qui enveloppe la ville, je me sens un peu groggy. Je mesure ma chance, mais j'ai comme une intuition négative. Je revois les énormes bagnoles qui m'avaient déjà frappée lors de mes précédentes tournées, les immeubles trop hauts, les rues qui frétillent et qui klaxonnent, les gens qui courent, des sachets en papier dans la main, les hot-dogs partout. Et puis, la limousine qui nous promène, son bar extravagant, ses vitres teintées. Tout est dingue. Moi, je suis calme. Plutôt heureuse d'être là, de prendre l'air, d'être repartie. Je cherche le changement et je suis venue le trouver ici, dans le pays des prodiges, du nouveau souffle. Je vais enregistrer mon album avec un producteur de génie, j'ai ce privilège. Il a eu entre les mains les titres de titans comme Paul Simon ou Billy Joel. Phil Ramone. Incroyable. Moi, la petite chanteuse de fêtes de la bière, je vais être produite par Phil Ramone.

Je me trouve dans la chambre de notre hôtel new-yorkais, tout à ma joie du chemin parcouru, quand je reçois un appel de mon frère Dany. À sa voix, je comprends vite qu'il y a un problème. Avec papa.

Quelques semaines avant mon départ pour les États-Unis, mon père a fait une mauvaise chute qui a eu des conséquences : il a fallu l'opérer parce que sa hanche était très abîmée. On l'a hospitalisé pour lui poser une prothèse. Quand j'ai pris l'avion pour New York, il allait bien. Au téléphone depuis la France, Dany m'explique maintenant que papa est au plus mal, qu'il faut que je rentre. Il a l'information car il travaille comme cadre de santé dans le centre hospitalier où notre père a été admis.

Depuis que maman nous a quittés, papa ne va pas bien. Le Joseph souriant et jovial s'est éteint dans la douleur. J'essaie, dès que je peux, de l'emmener avec moi en vacances, souvent je l'héberge aussi dans mon petit appartement de la rue du Sabot. Bref je fais tout mon possible pour l'égayer. J'y suis parvenue de temps à temps. Comme cet été passé au soleil avec des copines où on s'était amusés à se déguiser. Mais par-dessus tout, ce qu'il adorait, c'était la partie de pétanque à l'heure de l'apéro.

Je reprends l'avion direction Forbach et, en arrivant à l'hôpital, je comprends que mon père ne se remet pas de son opération, que son corps fait un rejet de sa nouvelle prothèse. Loin de moi l'idée d'accuser qui que ce soit mais j'ai toujours pensé que le diagnostic avait mis trop de temps à être posé. Il est heureux de me voir, il retrouve un peu d'énergie à mon contact. Je retrouve toute la famille à son chevet ; nous le câlinons, nous essayons de lui remonter le moral. En fait, ce n'est pas la hanche qu'il rejette, mais la vie. Il en a marre, papa. Il est fatigué et douloureux. Ses années de mine lui ont usé le corps, ses années sans maman lui ont usé le cœur.

Je suis allée voir la mine, un jour avec Cyril, pour une séance photo. On est entrés dans le monte-charge infernal et on a commencé de descendre doucement dans une palette de noirs. D'abord clairs, puis foncés et brillants. Angoissant, cet espace qui se réduit et s'obscurcit toujours davantage. Nous n'irons pas plus bas d'ailleurs, j'ai compris mon père.

Dans sa chambre tristounette, je lui raconte des histoires pour le distraire, j'essaie de le faire rire. Il sourit et puis, attendri, il me dit : « Je t'ai fait de beaux yeux quand même ! » Et je sens que cette phrase sera sa dernière, pour moi. Et je sens que ce soir-là, en le quittant, je le quitte vraiment, pas pour la nuit, pour toujours, pour une longue, très longue nuit.

Le samedi 7 juin, papa nous quitte.

*

Dans l'allée du cimetière, je marche et j'essaie de garder papa vivant en moi. Lui souriant, lui vibrant, s'est substitué à lui, malade, dans son lit. Je me rappelle. Lui, fou de joie le jour de son anniversaire il y a quatre ans. Je lui ai demandé ce qu'il voulait, pour ses soixante-cinq ans. J'avais en tête un voyage. Je l'imaginais partir avec un copain pour découvrir un petit bout du monde. Pour lui dont l'horizon s'était résumé aux parois de la mine et aux cheminées de Stiring-Wendel, je rêvais de dépaysement, de contrées exotiques qui pourraient l'amuser. C'était mal le connaître, mais je n'étais pas surprise. Comme si je n'avais pas encore compris que sa vie lui convenait, que de ne rien voir d'autre que sa mine, ses potes, les fêtes du quartier, la famille, c'était bien assez. Et puis, ma mère lui manquait. Son absence lui cassait toutes ses envies.

À mon idée de cadeau, il répond en relevant ses yeux bleus cristallins qui se plissent et se mettent à rire : « Tu sais ce qui me ferait plaisir ? Que tu viennes boire un coup au bistrot du coin. » Je me marre avec tendresse et je lui réponds : « OK, papa, mais pas la bise à tout le monde ? » Il acquiesce. Dans son souhait, je lis toute sa fierté d'être mon père.

J'arrive dans le bar et j'ai comme l'intuition que tout Stiring a été prévenu. Noir de monde, le bistrot. Je cherche papa des yeux dans cette foule d'habitués, de curieux, de vieilles figures locales qui m'ont connue petite. Il me prend dans ses bras en m'appelant « ma chérie » puis me montre en clamant : « C'est ma fille, vous pouvez l'embrasser, Patricia Kaas, c'est la classe. »

Autour de nous, les gens se pressent et me compriment. Contrairement à notre accord, j'ai l'impression d'être une machine à bises. Deux heures après, quand, enfin, je m'en vais, je porte sur les joues des échantillons de salive de toute la ville. Papa, lui, est heureux. Il savoure le moment, fête dignement sa paternité avec quelques verres supplémentaires.

Et dans le chapelet de mes souvenirs, sa tête de malheureux, celle de l'homme sans sa femme, du mineur sans sa mine, me revient juste après. Il avait changé. Il s'ennuyait. Il était toujours aussi sociable, mais, dans l'intimité, sa bonne humeur naturelle s'était émoussée. Il était souvent fatigué, il se plaignait, était devenu bougon. Chaque année, je l'emmenais avec moi l'été. Je louais une maison quelque part, à Ibiza ou en Corse, j'invitais des amis et je prenais l'avion avec lui.

Chaque fois, j'imaginais qu'il allait être content d'être dans un endroit qu'il ne connaissait pas, dans de bonnes conditions, avec sa fille. Chaque fois, j'étais obligée d'observer que non, il n'était pas sur un nuage. Au contraire. Il se moquait bien d'être sur une belle île, où il fait beau et chaud, où les maisons sont d'un blanc aveuglant, et où la végétation touffue, mystérieuse et sèche redessine le bleu de la mer. Ça ne l'intéressait pas. Pire, il empêchait les autres de profiter ! Lui pour qui, paradoxalement, les choses simples étaient les meilleures, prenait un malin plaisir à me compliquer la vie. Alors que nous étions en vacances, pour nous reposer, pour le farniente, le sommeil, les bons moments, il avait décidé qu'il y avait certains horaires à respecter. Dont ceux des repas. À heures fixes, 9 heures pour le petit déjeuner, 12 heures pour déjeuner, 15 heures pour l'apéro, 20 heures pétantes pour le dîner, il venait tambouriner à ma porte ou m'appelait en criant : « On ne mange pas dans cette maison ? »

Une fois la table dressée, les plats apportés, le sourire retrouvé, il s'installait. Il était content. Mais il ne mangeait rien, peu, il picorait. Ça m'horripilait en plus de m'inquiéter. Je lui disais : « Papa, tu te fiches de moi, tu crevais de faim il y a dix minutes ! On s'est dépêché pour ne pas que tu attendes trop et maintenant tu ne touches pas ton assiette ? Tu plaisantes, j'espère ? » Il ne plaisantait pas, non. La bouffe, c'était pas son truc. Les repas, il les réclamait pour le principe, pour cadrer sa journée, parce que ça le rassurait et surtout pour faire valoir son rôle de chef de famille. Il détestait toujours autant mettre son dentier et quand il ne l'avait pas, les aliments passaient mal. Je lui faisais la guerre pour qu'il porte son truc, mais il s'obstinait. Il était devenu têtu, papa. C'est aussi comme ça qu'il a survécu à la mine. Il ne se laissait plus faire. Il pouvait râler pour un rien. Gamine, j'étais la seule à lui faire entendre raison. La seule des enfants à ne pas le craindre. Quand il écoutait la télé trop fort, les matchs de foot qui le rendaient fou, ou bien qu'il empêchait Carine qui se levait très tôt pour son boulot de magasinière, de dormir et même parfois les voisins de s'entendre, je me plantais devant lui, les mains sur les hanches. Il baissait le son et la voix en m'appelant « le gendarme ».

Mais les derniers temps, je n'avais plus aucune prise sur lui. Je radotais. Toujours les mêmes trucs et ça ne servait à rien. Et quand j'ai commencé à voir son corps se déglinguer de partout, j'ai lâché prise, j'ai arrêté de l'embêter. C'était inutile. Il était épuisé, papa. À un moment, je l'ai dispensé d'utiliser ses forces à me combattre. Il était né en 1927, il n'avait que soixante-neuf ans, mais il en paraissait beaucoup plus. Les mineurs meurent tôt. Papa a laissé tomber. Se battre encore quand on n'a fait que ça... La mine l'a rattrapé, l'obscurité finit toujours par vaincre. La maison de retraite où il vivait avant d'entrer à l'hôpital, il ne comptait pas, de toute façon, y faire de vieux os. C'était déprimant. Comme le reste de la vieillesse. Surtout quand on a été un guerrier de l'ombre, qu'on a prouvé sa puissance et son courage. Et que de ces valeurs, depuis que le corps a trahi, on ne peut avoir que la nostalgie.

*

Je suis orpheline maintenant. Complètement. De mère et de père. J'ai à peine trente ans. Aujourd'hui, je pleure mon père et je n'ai cessé de pleurer ma mère. La douleur de la disparition de papa m'investit mais je la supporte mieux maintenant qu'elle m'est familière. Le deuil, je le fréquente intimement, je n'arrive pas à faire celui de maman, j'essaie de faire celui de l'amour et maintenant celui de mon père. Son départ, je le vis comme la sortie du clown, la fin de la récré, l'enterrement de la joie. Papa était le drôle, le vif, la pirouette après les larmes. Maintenant, il faudra faire sans. Trouver d'autres moyens, se débrouiller comme une grande pour retrouver le rire.

En m'arrêtant devant sa tombe, je pense que je viens de vivre presque dix ans de malheurs. Je voudrais, en enterrant papa, conjurer le sort pour les dix prochaines années. Je suis fatiguée d'avoir tant pleuré. L'ours de maman m'accompagne toujours partout et son œil attristé semble me rappeler les rivières de larmes versées. Il va falloir que je laisse derrière moi un passé qui m'abîme, me marque, un passé qui me rend plus dur. Tourner la page, changer de disque, de cycle, de décor… Et pour l'instant, repartir à New York faire mon album.

15.

Changement d'horizons

Cet enregistrement ne me permettra pas d'oublier ma peine. Il est pourtant temps d'entrer dans mon quatrième album. Il sera réalisé par Phil Ramone. Je suis tout de suite impressionnée par le bonhomme et je ne suis pas en position de donner mon avis. Je n'ai pas l'habitude non plus de ne pas m'en mêler. La situation se révèle rapidement délicate. Je suis censée baiser les pieds de ces dieux de la musique, pas les contrarier par des remarques qu'ils risqueraient de juger impertinentes. Et que je ne suis de toute façon pas capable de formuler en anglais. Trop compliqué.

Je chante une reprise de Lyle Lovett et une chanson originale de Diane Warren. Ce titre deviendra « Quand j'ai peur de tout », le premier extrait de l'album. Sur cet album figure aussi un duo avec James Taylor.

Je suis très bien entourée et certaine que l'album est bon. *Dans ma chair*, le titre que je lui ai donné, est un disque aussi enrichi de nouvelles collaborations françaises : Franck Langolff, Zazie... Barbelivien et

Bernheim eux sont toujours de la partie… « Je voudrais la connaître », écrite par Jean-Jacques Goldman, est sur cet album, c'est une très belle chanson qui parle d'adultère et de jalousie. Lors de son enregistrement, Jean-Jacques me trouve particulièrement persuasive. Ce nouvel opus tranche un peu avec les précédents, non seulement parce qu'il est franco-américain, mais parce que je suis différente. Mon image avec moi. J'ai changé de look. Mes cheveux sont lisses maintenant, très blonds, et je pose sur la pochette de *Dans ma chair* vêtue d'une chemise rouge transparente et largement échancrée À la manière d'une ado qui n'est plus surveillée par ses parents, j'ai osé un style plus sexy, et puis, pour dire la vérité, je ne suis pas mécontente de quitter un peu ma ressemblance avec Marlène, mes bouclettes d'ange bleu.

Justement, c'est ça que mes fans aiment, mon côté Dietrich, cabaret, mes jambes nues derrière des bas noirs. En robe du soir, ils ne me comprennent pas, ne me reconnaissent pas derrière la sophistication que j'ai cru bon d'adopter. Ils approuvent également moins mon quatrième album qui n'obtient pas le succès des trois précédents. D'abord, je suis étonnée. Ensuite, je réfléchis pour l'expliquer. Est-ce le temps qui passe ? Est-ce l'éloignement ? Leur désamour ne me laisse pas indifférente. Aucun artiste ne peut négliger qu'on le désavoue, même pour un moment. Mais je ne regrette pas pour autant d'avoir fait cet album-là.

Je ne reste pas longtemps sur mon interrogation puisque je démarre ma troisième tournée dans la foulée. *Rendez-vous* m'embarque pour cent cinquante concerts à travers le monde. Le tourbillon de la tournée qui est un succès m'empêche de trop penser à mon père et à ma déception liée aux ventes de l'album. Je suis sur scène, c'est ce qui importe. Partager cette expérience, c'est ça qui me plaît. Je retrouve mes joies, mes rituels comme celui de poser l'ours de maman dans un coin de la scène, mes mauvaises habitudes aussi, comme de ne pas travailler ma voix. J'ai toujours voulu la garder brute, sans technique, sans artifices. C'est sur scène que je la forge. D'ailleurs, à quelques minutes d'un concert, je ne fais pas de vocalise. Je ne l'échauffe pas. Je me gargarise avec de l'eau glacée pour me détendre les cordes vocales. Ma voix est maintenant prête, quand j'entre en scène et elle ne me lâche pas.

Être artiste, c'est être sportif. Le corps tente de mettre ses limites. Il est rare que je l'écoute. J'ai plutôt tendance à le contraindre, à lui imposer ma discipline, à le forcer même quand il ne peut plus. Un soir de la tournée, à Avignon, j'ai fini un concert avec un genou en sang. Pourtant, je me suis fait super mal. En cherchant mon chemin dans l'obscurité des coulisses, je me suis cognée violemment à un élément du décor, une sorte de gros machin en bois. Arrivé sur scène, j'ai tenu la douleur dans ma poche le temps d'aller au bout du show. Je sais repousser ce qui m'assaille, la douleur physique ne me fait pas peur. Et je sais tenir mes émotions à distance. Je fais face, je chante.

Une autre fois, à Douai, j'ai fait une chute due probablement à l'épuisement de la tournée et aux erreurs de perception qu'il provoquait chez moi. J'ai mal évalué la distance du public, la largeur de la scène. Je me suis trop approchée en marchant et j'ai disparu dans la fosse laissant seuls mes musiciens sur la scène ! Grosse frayeur.

Au cours de cette troisième tournée, pour la première fois, je me produis trois soirs à Bercy. Je me sens toute petite sur la scène de la plus grande salle parisienne, c'est quelque chose pour moi, une sorte de consécration. Comme d'habitude lorsque je joue à Paris, j'en profite pour faire venir les Kaas au grand complet, frères, sœur et leurs familles respectives. Quand je fais des concerts pas trop loin de la Lorraine, ils se débrouillent toujours pour être là. De bons prétextes pour se réunir. Là, c'est moi qui organise leur déplacement. Ils sont fiers de me voir chanter dans une salle de onze mille personnes et ils sont ravis de pouvoir passer vingt-quatre heures dans la capitale. Dans la famille, c'est important, le regard des autres, le miroir renvoyé par les amis, les relations, les inconnus. Maman y était sensible, papa aussi. Seuls les autres valident notre réussite. Pour mon père, l'admiration de ses copains du coin lui permettait de s'aimer. La réputation, le mythe comptent plus que la réalité. Maman, elle, me savait talentueuse mais elle avait besoin de l'entendre dans d'autres bouches. Papa, lui, se savait être le père d'une célébrité. Pour moi aussi, le regard des autres est essentiel. Trop parfois. Et en devenant « Patricia Kaas », je l'ai laissé m'envahir. Je lui ai donné un pouvoir considérable.

Le titre de ma tournée, *Rendez-vous*, a trouvé un nouveau sens, imprévu celui-ci. J'ai rencontré un homme, une tempête. Notre amour s'est déclenché brutalement, passionnément. Parce qu'il est inévitable et parce qu'il est impossible. L'homme n'est pas libre et ne peut pas l'être. Pourtant, il n'envisage plus l'avenir sans moi. Nous ne pouvons lutter contre cet amour. Moi, de mon côté, je suis libre. Bien sûr, mes obligations, le rythme effréné de mon métier m'imposent un drôle de quotidien. Mais nous arrivons tant bien que mal à nous aimer. Follement. Nous nous retrouvons, nous nous quittons, notre relation à force d'allers et retours finira par s'émousser, par s'user. Nous resterons amis, bien sûr. Amis.

Rendez-vous s'achève donc sur une note assez joyeuse. Mes deux *men in black* comme je les appelle, Cyril et Richard, me font en plus de belles surprises le soir de la dernière. Ils débarquent notamment sur scène, habillés en fille, avec des perruques rouges et bleues et se mettent à faire un strip-tease. On était tous bien éméchés, le public riait et participait à notre délire. L'image finale de cette tournée rit toujours dans ma mémoire.

16.

Accords et désaccords

J'aime entrer en studio quand ma voix revient entraînée, chauffée, d'une tournée. Alors je n'attends pas, à la fin de *Rendez-vous*, pour me mettre en quête de mon cinquième album. En France, une nouvelle génération d'auteurs-compositeurs a vu le jour. Peut-être plus romantiques que ceux qui décrivaient la décennie précédente. Enfants d'une époque qui doit compenser la triste réalité d'une épidémie, le Sida. Les Restos du cœur, destinés à disparaître dans le projet originel de Coluche, ont de plus en plus de succès, le nombre de pauvres ne cesse d'augmenter, l'époque est à la crise. Et certains tentent de l'exprimer ou d'y faire quelque chose.

Dans cette jeune garde de chanteurs romantiques et engagés se trouve Pascal Obispo. Il apporte un nouveau souffle dans la chanson française. Il est également le chanteur à la mode qui fait pleurer les jeunes filles en fleur, est considéré comme l'auteur-compositeur du moment. Le show-biz lui quémande des chansons. Et pour cause : toutes celles qu'ils créent passent à la radio et plaisent au public. Nous avons deux points communs, Pascal Obispo et moi : les Restos du cœur et notre maison de disque. Nous finissons forcément par nous rencontrer et envisager une collaboration.

Pour les Restos du cœur, nous chantions « L'Aigle noir », un titre de Barbara. Les auteurs-compositeurs mélancoliques, avec moi, se régalent. Ils usent de moi comme d'un violon sur lequel faire glisser leur archet. Notre duo, avec Pascal Obispo, avait fait forte impression et nous avions pris plaisir à interpréter cette chanson ensemble.

Il est partant pour me faire des titres mais il met une condition officieuse à notre collaboration : il veut avoir la main, diriger. Être l'auteur-compositeur producteur unique, en fait. Il est ombrageux, il a besoin de se sentir seul maître à bord pour être bon. Son orgueil est son moteur et si succès il y a, il ne souhaite pas le partager. Il s'attelle à mon disque avec passion. Ce sera *Le Mot de passe*. Pascal cherche à trouver la mesure entre une ampleur qui corresponde à ma voix et une intimité dans le propos. Moi, dont les albums jusqu'alors s'inscrivaient plutôt dans des courants variétés et blues, avec Obispo, je peux m'exprimer aux côtés de cordes dans une sonorité plus pop. C'est nouveau pour moi. Ce qui ne l'est pas, c'est d'être dirigée avec autant de fermeté. Pascal, dont l'aisance et le génie me bluffent, ne souffre pas les remarques, bonnes ou mauvaises. Il craint de perdre le fil de sa création dans les avis des autres. Est-ce parce qu'il est aussi un interprète de talent ? Je ne sais pas.

*

L'enregistrement, difficile, me pèse. J'ai du mal avec l'attitude de Pascal, ses côtés autoritaires. Bien que je le trouve touchant et intéressant, il est difficile de s'exprimer dans son monde. J'ai accepté qu'il soit le maître d'œuvre de l'album, mais je regrette qu'il impose autant sa marque. *Le Mot de passe* est excellent mais il porte peut-être un peu trop la touche de Pascal Obispo. Il n'a laissé entrer personne dans son monde, à l'exception d'un homme qu'il considère comme son maître, Jean-Jacques Goldman. Entraînante, chaleureuse, découpée dans ses mots pour moi, la chanson qu'il m'a écrite, « Fille de l'Est », est marquante. Elle consolide la complicité artistique que nous avons, lui et moi. « Fille de l'Est », est une chanson qui parle de ce que je connais le mieux, ma région, son histoire et les gens courageux qui la peuplent. À travers elle, on peut mieux comprendre le caractère qui m'abrite, fort et fier. Je renoue en musique avec mes racines. « Fille de l'Est », c'est mon refuge, ma plage, mon endroit familier. Dans le contexte tendu de l'enregistrement, la sobriété, la connaissance que Jean-Jacques Goldman a de moi me rassurent. Elle deviendra la chanson étendard chez moi, dans ma région.

Autre belle surprise de l'album, « Ma Liberté contre la tienne ». Cette chanson qui me touche particulièrement, que je trouve émouvante, trouvera les faveurs des programmateurs radios... Cela fait longtemps que cela ne m'était pas arrivé.

Obispo donne à mes concerts une nouvelle dimension. Je joue avec un quatuor à cordes, avec des orchestres philharmoniques. Impressionnant d'être accompagnée comme ça par autant de musiciens venant d'une autre planète musicale. Grâce à lui, j'aurais aussi appris à donner plus de subtilité à ma voix.

Cet après-midi, c'est l'orchestre philharmonique de Lille dirigé par Jean-Claude Casadesus qui m'accompagne devant les soixante mille personnes réunies dans les jardins du Luxembourg. Les grilles ont été fermées et une scène montée derrière le Sénat. L'auditoire paraît divisé. Aux premiers rangs, règne une ambiance très officielle. Les maires de France, trente mille, ont été conviés, ils sont là, sur les sièges pliants, avec des têtes de messieurs sérieux. Ce n'est pas leur nombre qui m'effraie, c'est leur titre. Ce ne sont pas mes fans, ils ne me sont pas acquis, ils ne sont pas venus pour moi. Je suis un genre de cadeau qui leur est fait. En réalité, c'est cela qui m'inquiète. J'ai toujours peur d'être jugée par le mauvais tribunal. Je crains l'avis de ceux qui me connaissent à peine et peuvent me condamner pour une broutille. Je redoute le manque d'indulgence de ceux qui n'ont pas le temps, pas l'envie, pas le goût de m'écouter. Je suis même capable de me gâcher l'enthousiasme et l'amour de tout un public pour un individu qui semble mécontent ou indifférent. En Autriche, un soir, j'ai repéré comme ça un jeune type dans les premiers rangs qui avait dû accompagner sa petite amie pour lui faire plaisir. Il ne bougeait pas, croisait les bras et me regardait froidement. Je ne voyais que lui. Alors j'ai fini par m'avancer et me mettre à genoux devant lui en chantant. Là, c'est vrai, je guettais un sourire, au moins. Parfois sur scène, on se met en tête de convaincre les plus réticents car un seul peut créer le doute quant à votre véritable talent. Malheureusement. Là, dans les jardins du Luxembourg, j'ai l'impression que je vais chanter devant une foule de gens comme ce garçon.

La tournée *Ce sera nous* me prouve que l'inhabituel se produit aussi, y compris les trous de mémoire. Comble de la malchance, quand l'incident se produit, c'est sur la scène du Zénith à Paris. J'essaie de chanter « Le Mot de passe », mais je bloque. Je ne comprends pas pourquoi. Qu'est-ce qui m'arrive ? Une catastrophe. D'habitude, le mauvais temps, les mauvaises surprises, les incidents désagréables, c'est dans ma vie qu'ils se produisent, pas sur scène. Avant d'être paniquée, je suis étonnée. Je viens de m'y reprendre à deux fois déjà et là, je trébuche à nouveau. Tout de suite, je traverse un grand moment de solitude. Plus je tente de me rattraper, plus je m'enlise. Sur la scène très nue puisque nous sommes pour cette chanson en mode piano-voix, je voudrais disparaître. Les six mille personnes qui assistent à mon naufrage me laissent nager en silence. Curieux comme devant un film à suspens et fiers d'être témoins d'un instant qui se raconte. J'ai définitivement oublié les paroles de « Mot de passe ». J'ai le sentiment de ramper dans l'obscurité, de tâtonner sans aucune chance de débusquer l'issue. Je me suis arrêtée trois fois déjà après avoir bafouillé des mots qui ne sont pas le texte. Et même maintenant que j'ai les paroles écrites noir sur blanc sous les yeux, je continue de dire n'importe quoi. La panique m'a mise hors service. Tout est flou sur la feuille, les lignes de lettres dansent, les notes valsent, je confonds les mesures. Chaos.

L'ambiance est sépulcrale. J'entends des hordes de mouches voler. Je vois le moment où je vais m'écrouler. Je ne sais pas comment me dépêtrer de cette situation embarrassante. Dans ces moments-là on pense qu'on devrait s'enfuir, quitter la scène... Mais non, la réalité c'est que les spectateurs sont ravis d'assister à ce moment unique, de partager cette toute petite faiblesse. Alors, plutôt que de penser au pire, je leur demande de m'excuser. Je tente l'humour : « Bon, on va faire comme si tout cela n'avait pas existé ! » Après dix minutes de torture, je me sors du mauvais pas. Dans les coulisses, alors que le concert s'est achevé sans nouvel incident, Jean-Jacques Goldman vient me réconforter.

Je l'accuse en riant d'être la cause de mon cafouillage.

*

La tournée *Ce sera nous,* inspirée par un voyage au Maroc, a visité beaucoup de pays, et notamment les pays de l'Est. Cette fois-ci, j'ai voulu une scène chaleureuse, très colorée, des tapis, des lumières douces, une ambiance orientale. Elle a commencé sous les meilleurs auspices avec une série de dates exceptionnelles en Allemagne. Pour cela, je suis accompagnée par un orchestre symphonique. La présence d'un chef d'orchestre et d'une batterie d'instruments et de musiciens m'amuse d'abord. Très vite, je m'aperçois que les gesticulations du chef d'orchestre engoncé dans son habit noir me stressent. Jouer avec un orchestre au grand complet exige toute ma concentration. Son chef, en fait, ne m'aide pas beaucoup. Il reste dans son monde, dans sa partie, ne fait pas trop attention à mes musiciens et moi. Difficile de nous accorder alors qu'il soliloque. En plus, les mouvements qu'il exécute avec sa baguette sont hermétiques et, pour moi, à contretemps. Je ne les comprends pas et ils sèment le trouble dans mes repères rythmiques. Si je le regarde trop, je perds le fil, si je ne le regarde pas assez, nous nous décalons. Bref, pendant les répétitions, je déploie des trésors de patience. Je m'accroche à l'idée que le résultat sera grandiose.

Les concerts de la série spéciale en Allemagne obtiennent des éloges dans la presse qui loue ce mélange réussi de pop, de variété et de lyrisme classique. Finalement, le chef d'orchestre, je m'y suis faite, à l'usage. Non que le rythme au bout de sa baguette ait changé. Mais je suis arrivée à le suivre et après, je l'ai vu changer rapidement. L'homme coincé et raide qui menait son orchestre avec une discipline incompréhensible a vite laissé la place à un personnage extravagant.

Ces échos positifs me rassurent. Ils m'amèneront à donner un concert unique au Palais des Congrès à Paris avec un orchestre symphonique qui avait à sa tête Yvan Cassar ! L'excellent arrangeur des cordes de l'album. Je suis contente qu'on me suive sur cette voie amorcée par Obispo. L'audace a payé. Sur le plan esthétique, nous avons trouvé quelque chose de nouveau, un souffle romantique que je n'avais pas sur les quatre précédents albums. Je suis fière de ce *Mot de passe* malgré un demi-succès commercial.

17.

D'un extrême à l'autre

Avant de trouver la paix, je fais connaissance avec la guerre, la vraie, celle qui fait des victimes. Je suis invitée par l'actrice britannique Vanessa Redgrave à chanter au Kosovo. J'en profite pour rendre visite aux soldats français de la Kfor, je veux les remercier de leur courage. Dès 1998, les Serbes et les Albanais ont commencé de se disputer le pays sous le regard impuissant des forces internationales. Le Kosovo est à feu et à sang et ses habitants plongés dans une situation dramatique. Déchiré entre deux peuples, il est en train d'être détruit. En France, les avis s'opposent entre ceux qui prônent une intervention plus qu'une observation et ceux qui préfèrent laisser le Kosovo à son sort. En attendant, on se bat ici et on meurt. Et quand j'arrive, en guise de bouquet de fleurs, on m'offre un casque et un gilet pare-balles. C'est à ce moment précis que je comprends que j'ai posé les pieds dans un pays en guerre. Et quelle guerre…

Je chante avec les soldats français, le soir, autour d'un feu de camp, je suis un peu timide, alors pour m'aider ils entonnent quelques chansons paillardes. Je passe deux nuits au Kosovo dans un hôtel sommaire, voire carcéral. Les draps sont repoussants, avec leur décoloration et leurs auréoles suspectes. Il n'y a ni eau ni électricité à cause des bombardements. Et les cafards sont ici chez eux.

D'autres stars que Vanessa Redgrave s'intéressent de près au drame kosovar. Michael Jackson dont l'association Michael Jackson & Friends vient en aide aux enfants victimes de la guerre me conviera, lui aussi, à chanter aux côtés d'autres personnalités en faveur des petits qui subissent des conflits comme celui du Kosovo. Je suis toujours émue de participer à ces élans de générosité pour des populations qui souffrent. Et je suis flattée de rencontrer le génie de la pop. Croiser Michael Jackson, pour moi qui ai grandi dans les années 1980, ça n'est pas rien. Cela s'est produit à Séoul et à Münich. J'ai parfaitement conscience de me produire avec les plus de grands, ceux qui m'ont fait rêver, qui m'ont donné, dans certains cas, envie de faire mon métier. Quand j'étais gosse, je n'aurais pas imaginé pouvoir partager la scène avec eux. Michael Jackson, je le regarde, ébahie. Je redeviens l'enfant enivrée par Noël.

Pour l'heure, je suis encore au Kosovo, nous devons repartir et pourtant c'est impossible. Les bombardements ont repris, l'aéroport a été détruit. À toute vitesse et sous haute protection, on repart vers le camp militaire, un hélicoptère de l'armée nous attend, les rotors tournent déjà. Dans l'urgence, je n'avais pas remarqué Jack Lang, qui lui aussi grimpe dans notre gros bourdon. À bord, l'ambiance est tendue, je me rends compte que nous avons échappé de peu à quelque chose de grave.

*

J'en ai plus qu'assez des conflits. Celui d'avec mon amoureux m'a laissé pantelante et ce que j'ai aperçu de la guerre m'a effrayée. J'ai besoin de prendre l'air. D'être ailleurs. Je cherche un nouvel endroit où poser mes valises. Je cherche un pays neutre, calme, une ville où panser mes plaies. Bien sûr, Zürich s'impose, loin de mes mauvais souvenirs, en zone neutre. Je ne suis pas trop éloignée de mes amis, de ma famille. Ici, je me sens bien. Je peux vivre au grand jour. Je peux me promener dans la rue sans qu'on m'arrête ou me regarde. Les suisses sont discrets. Ici, je peux avoir des relations normales avec des gens qui savent qui je suis. Chacun est à sa place. À Zürich, on parle suisse-allemand ou allemand, une langue qui m'est familière, ma langue maternelle… C'est le choix idéal, la Suisse. J'avais besoin de partir, de quitter la France et tous mes problèmes à moitié réglés. Besoin de changer de cadre, de vie, de reprendre mon souffle. De plus, je ne suis pas seule à Zürich, j'ai des amis. Ceux qui m'ont suivie, Cyril et Richard. Mes deux compères, frères, amis, associés…

Depuis longtemps, nous formons un trio inséparable. Les responsabilités de chacun sont claires, notre amitié est profonde, alors nous restons soudés. À nous trois, nous sommes une entreprise qui structure ma carrière et la supporte, une entreprise qui tourne bien. Richard est le cerveau, Cyril est le cœur, je suis l'âme. Je ne fais rien sans eux, on fait tout ensemble. Je les laisse réfléchir pour moi à des idées, on en parle, on débat, mais c'est souvent moi qui tranche à la fin sans vouloir pour autant heurter leurs idées. En m'impliquant dans le choix, je ne peux donc jamais rien leur reprocher. Nous sommes solidaires les uns des autres, nous sommes proches. Physiquement aussi : nous habitons dans le même immeuble ! Richard sur le même palier et Cyril au même étage, dans la cage d'escalier voisine. Nous nous amusons beaucoup de la situation à une époque où la série américaine *Friends* connaît un succès retentissant, y compris auprès de nous. Nous avons une trentaine d'années et le sentiment d'être encore des adolescents. La vie zurichoise, plutôt jeune, est agréable. Je sors assez peu, on me reconnaît parfois et, quand c'est le cas, je fais des rencontres enrichissantes. Mon public ici est différent. J'ai emmené avec moi mon chagrin qui ne passe pas, mon histoire d'amour qui a mal tourné, et l'âme de mon papa évadée. Je fais comme je peux. J'ai encore fui pour oublier, mais cette fois-ci aussi pour guérir.

Je n'ai plus confiance. Je suis déçue par les hommes. Et par Dieu qui m'a pris mes parents. Je déteste l'amour. Et je me méprise d'avoir été faible, amoureuse transie, idiote. Je méprise les hommes Je les trouve cons, orgueilleux, intéressés et lâches. Sans pour autant me mettre à aimer les femmes. Les hommes, je les trouve aussi prévisibles et infantiles. Je les trouve possessifs mais égoïstes, souvent prétentieux. Les hommes, j'ai besoin de les oublier, comme j'ai besoin d'oublier Paris. Cyril et Richard, eux, c'est différent, ils sont des amis avant d'être des hommes. En plus, ils sont mariés tous les deux et vivent respectivement avec leurs épouses que j'apprécie. Je crois que c'est réciproque. Je veille, il faut dire, à ne pas trop m'immiscer dans leurs couples. Je ne débarque jamais à l'improviste, je modère mes invitations à dîner et mes coups de fil, je leur laisse l'initiative. Je me fais discrète. Je suis assez fine pour comprendre la difficulté d'aimer un homme qui consacre sa vie, en priorité, à une autre femme. De fait, je prends déjà trop de place. Alors, je prends garde à rester discrète. Je me balade, je profite du lac, de la vue de mon appartement sur les arbres. Je respire, je reprends mon souffle.

Mais le temps qui passe me donne à nouveau envie de frissonner. J'ai réappris à sourire, je vais mieux. L'air pur de la Suisse fait des miracles sur les convalescents. Pour moi, ne rien faire, être chez soi, dormir dans son lit quand on passe son temps sur les routes, dans les avions, dans les hôtels, constitue un luxe inouï. Je regarde les mecs à nouveau quand hier encore, je ne les voyais plus.

Celui que j'ai repéré à la table là-bas, avec le lac en arrière-plan, vaut un peu plus qu'un coup d'œil. Il est très, très bel homme. Le croisement parfait entre George Clooney et Richard Gere ! Bref, il est du genre à faire craquer des bataillons de femmes. Je suis assise là, à bavarder avec une amie, et je me pose soudain la question. Par exemple, comment ferait un homme dans ma situation ? La réponse, selon moi, est : « Il essaie d'identifier ce qu'elle boit et lui fait offrir un verre de sa part. » Je m'exécute. Ce n'est pas une provocation féministe de ma part, c'est un élan sincère. Mais la serveuse rigole et réplique : « Trop tard ! Il s'en va ! » Je suis prête à laisser tomber. Au premier obstacle. Une amie, plus têtue que moi, se lève et va le voir. Je crains le pire mais je la vois quelques instants plus tard revenir avec sa carte de visite.

Je lui ai envoyé un texto deux jours plus tard. Et puis nous avons pris rendez-vous pour dîner. En arrivant au restaurant, je le trouve toujours à mon goût, mais son look est peu dépassé… Son pantalon est trop court et sa veste à revoir, enfin bref… Nous discutons tous les deux et c'est agréable. Au bout d'un moment, je finis par comprendre qu'il n'a aucune idée de qui je suis. Il voit une femme. Qui lui plaît visiblement. Il s'intéresse et me demande pourquoi je vais si souvent à Paris. Pour chanter lui réponds-je : « Ah bon ? Mais tu fais des disques ?

— Oui, j'avoue.

— Mais sous quel nom ? demande-t-il.
— Le mien, Patricia Kaas. »

Il me regarde, éberlué. Grâce à la radio, il connaît ce nom-là. Il a basculé de sa chaise. Il n'y croit pas. Et il se confond en excuses. Il se trouve nul de ne pas m'avoir reconnue, il craint de m'avoir vexée, il répète : « Pardon, je suis désolé, quel imbécile je suis ! » Je lui avoue combien il est agréable de n'être qu'une femme, de n'être jugée que sur ce que l'on est, pas sur ce que l'on fait ou sur le nom que l'on porte.

Lui, il est ingénieur. Il a l'air cool. Il n'a pas de rapports douteux avec l'argent ou avec son ego. Je suis rassurée sur des critères qui, maintenant, selon moi, peuvent se révéler rédhibitoires. J'ai passé une bonne soirée et je ne vois pas pourquoi je ne recommencerais pas. Nous démarrons une liaison qui contraste par son équilibre avec ma précédente histoire. Je me sens bien, enfin. C'est reposant, rassurant d'être avec lui.

Dorénavant, il laisse au placard ses vestes à boutons dorés. Le garçon est agréable. Mais il a un défaut difficilement compatible avec mon activité : il est jaloux, terriblement. Il ne supporte pas que les hommes me regardent. Au début, il admire la façon dont les fans m'aiment, mais, très vite, il prend ombrage de leur affection. Comme souvent avec les hommes de ma vie, il s'imagine n'être qu'un amant de passage, conscient que ma seule vraie histoire d'amour est celle que je vis avec mon public.

Comme tous les gens atteints de cette vilaine maladie, il imagine mille et une choses, s'invente des films dans lesquels il a le mauvais rôle, il a constamment peur d'être trompé. Au départ, je suis flattée de son trop d'intérêt. Et puis, le glissement se produit. Ses réactions m'inquiètent, ses peurs fictives se mettent à prendre trop de place dans notre relation. Je sature. Quand il en vient à soupçonner Cyril et Richard, là je comprends que je ne peux pas continuer de l'aimer. Je décide de rompre. Nous garderons tout de même beaucoup de tendresse l'un pour l'autre. Il m'arrive de le revoir lors de mes concerts suisses.

*

Ma halte à Zurich n'en est pas une. Je suis physiquement dès que je le peux chez moi, j'ai posé mes valises pour longtemps, j'y resterai six ans. Là, je peux me concentrer cent pour cent sur ma carrière. Le succès mitigé du cinquième album m'a d'abord abattue avant de m'insuffler une nouvelle force. Comme mon père l'était, je suis une acharnée, une combattante. Je n'arrête pas de lutter à la première défaite.

18.

Mon premier rôle

Je vais passer une audition pour un film. La perspective m'angoisse infiniment. Pour moi qui manque de confiance dès que je ne suis pas sur scène, jouer la comédie me paraît impensable. On m'a proposé il y a longtemps de tourner dans le *Germinal* de Claude Berri. Mais j'ai refusé, par peur de jouer dans une fiction qui me rappellerait trop mes souvenirs d'enfance.

Je me sens très ignorante sur le terrain de l'art dramatique et je crains de m'y frotter. Cyril, lui, est certain que j'en suis capable. Comme si l'argument était inattaquable, il me balance : « On parle de Lelouch, là ! Je ne sais pas si tu te rends compte… » Je sais qui est Claude Lelouch même si je n'évalue pas complètement l'aura du réalisateur.

Je ne suis pas allée au cinéma quand j'étais plus jeune. Maintenant, j'ai trente-cinq ans et je n'y vais pas plus. Dans mon enfance, on n'avait ni l'idée ni l'argent pour. Et puis, après, j'ai commencé ma carrière et le temps s'est mis à manquer. À l'âge où on va se réfugier dans les salles obscures dans l'espoir d'un baiser et d'un rêve sur grand écran, j'étais déjà occupée à chanter. Mon adolescence, je n'ai pas pu la vivre, elle était trop différente. Le cinéma, je sais à peine ce que c'est. Sur scène quand j'interprète, je joue aussi un rôle, je raconte des histoires. Il y a ce même mélange d'illusion et de sincérité. Je comprends qu'il faut que je la passe cette audition.

Le jour des essais, dans le train qui m'amène à Paris, je souris, heureuse. L'espace de quelques minutes, je prends conscience d'aller au-delà de ce qui était prévu pour moi. Maman m'avait prédit une carrière, une voie royale dans la chanson, un succès à la hauteur des dons qu'elle sentait chez moi, mais elle n'espérait pas que je passerais un casting avec le réalisateur d'*Un homme et une femme*. Non, elle n'aurait pas imaginé cela.

Je retrouve mon ancienne ville toujours avec bonheur. Elle n'a pas changé. Pourtant, un nouveau millénaire y a commencé et les années 1990 y sont mortes sans regret avec leurs artifices. C'est bon de retrouver Paris et mes habitudes. J'y hume les mêmes odeurs, la même atmosphère, la même activité qui semble bien désordonnée, en comparaison de la Suisse. Les gens s'agitent, ils se plaignent solennellement, s'engueulent dans les embouteillages. Cette confusion de la ville, ce bordel urbain, je ne l'avais pas oublié.

Je traverse le parc Monceau avec l'espoir de me détendre. Les arbres, la douceur du vert, les rires des gamins de sortie avec leur classe, les joggeurs qui courent tous dans le même sens, comme une tranche de réel, avant de m'immiscer dans une fiction. Le rôle pour lequel je passe l'audition est celui d'une femme blessée qui chante dans les bars pour gagner sa vie.

Je pousse la grille du numéro 15 de l'avenue Hoche. Je trouve l'entrée en sous-sol. J'admets que je ne suis pas rassurée : je n'ai pas passé de concours depuis longtemps ! On ne s'improvise pas plus comédienne qu'on ne s'improvise chanteuse. Tout s'apprend, en théorie ou en pratique. Moi, j'ai plus de facilités avec la pratique... Je progresse en faisant.

Claude Lelouch me reçoit dans la salle de projection où se déroulent les auditions. Il me salue chaleureusement et me présente le rôle avec beaucoup de détails. Son héroïne s'appelle Jane, c'est une jeune femme abîmée par la vie ; amnésique, elle se croit aussi victime d'une maladie incurable. Sa rencontre avec un homme, amnésique lui aussi, va bouleverser sa vie. Le réalisateur est réputé pour son obsession du vrai. Il exploite la vie réelle dans ses films et évite le plus possible les trucages. Pour lui, faire des films, c'est révéler la vérité ou, au pire, la fabriquer. La fiction se mêle toujours étroitement à la réalité. Après m'avoir briefée sur le rôle, il me présente Francis Huster qui s'est tenu en retrait jusqu'à présent. C'est lui qui me donnera la réplique tout à l'heure.

Il s'en fiche du texte puisqu'il veut la vérité. Il ne respecte pas ce qui s'écrit, ne croit qu'en ce qui se dit. L'improvisation vaut mieux que le meilleur script du monde. Aujourd'hui, en plus, les lettres il les range au profit des chiffres. Il va me donner une intonation, une intention, la peur, la colère, la tristesse, l'agacement, et je devrais la mettre en chiffres, au pif. Peu importe ce que j'allais raconter, en l'occurrence les chiffres ne signifient rien. C'est la manière dont je le dirais qui compterait.

En fait, passé les cinq premières minutes qui me coûtent, l'exercice m'amuse. C'est ludique et assez génial parce que léger. Je le prends comme une partie de cache-cache du dimanche avec mes neveux et nièces. Je me pique au jeu, je retombe en enfance. C'est jouissif, libérateur. Dire n'importe quoi, faire semblant, emprunter des masques imaginaires pour exprimer des sentiments qu'on ne ressent pas vraiment. Si, un peu, au fond, on s'écoute. Je le perçois, cela. On a en nous chacun d'eux. Et là, il suffit de trouver les bons leviers pour qu'ils sortent. Avec Francis, le rythme est trouvé. De ce dialogue absurde, chiffré, naît une complicité. Quand je finis par l'insulter avec des 9, nous explosons de rire. La situation est cocasse.

J'ai bien vu la caméra tout à l'heure dans un coin mais je l'ai oubliée. Je me suis fait croire qu'elle ne tournait pas. Pour oublier que je passais une audition, pour ne pas me mettre la pression. Maintenant, l'audition est terminée, la bande a tourné, c'est fait. Et si c'est raté, je ne peux plus rien faire. Je suis en train de me réhydrater dans l'entrée après mes tirades de chiffres quand il m'appelle. Il me convoque. Comme je manque toujours autant de confiance en moi, je m'attends au pire. Je crois qu'il va me remercier, me dire d'un ton condescendant et froid : « On vous rappellera... » C'est à cela que je me rends compte que je n'ai pas mûri. J'ai grandi comme ma mère le souhaitait. Je suis restée une petite fille qui craint qu'on la gronde, qu'on lui dise qu'elle a mal fait, qu'elle peut mieux faire. Les autres valident mon talent, mais je les suspecte toujours d'en douter... Quel inconfort d'être restée gamine ! Je pourrais me dispenser de moments d'angoisse inutiles.

Claude, dans son bureau, me dit qu'il est très content de ce qu'il a vu, que le casting est bouclé Il affirme : « J'ai trouvé ma Jane. » Étonnée, je me permets d'insister : « Vous est sûr ? » Il ne devrait pas plutôt continuer à auditionner ? Il est certain de ne pas se tromper sur moi ? Si Cyril avait été là, je suppose qu'il aurait eu envie de me gifler. Se mettre en valeur, l'autopromotion, il faut croire que je ne suis pas calibrée pour. Lelouch est absolument sûr de son choix. Je suis sa Jane. Sa spontanéité m'inquiète. Je crains qu'en disant oui aussi vite il puisse changer d'avis avec la même rapidité. Il remarque dans mes yeux une lueur d'inquiétude.

Alors il me répète que je suis prise, que je suis parfaite, que ça se passera bien. Je rentre sonnée à l'hôtel. Je n'imprime pas la nouvelle. Je suis venue en dilettante passer un casting et, en fait, à la fin, je m'éclate pendant l'audition et je suis immédiatement sélectionnée. Improbable, la vie !

Une fois la nouvelle intégrée, je commence à flipper. Le rôle principal ! Lelouch ! Je suis chanteuse, pas actrice ! À l'hôtel, j'appelle Cyril qui doit bouillir d'impatience.

« Je suis dans la merde, Cyril, le rôle, ils me l'ont donné ! » Lui, il est fou de joie. Il m'engueule presque : « Mais tu es folle, c'est génial, c'est une super nouvelle, je suis fier de toi, tu vas être parfaite, tu verras. »

Autour de moi, les réactions sont de l'enthousiasme doublé d'une certaine fierté. Mais moi, pendant la période qui précède le tournage, je lutte avec mon angoisse. J'ai beau me répéter que je vais tout donner, qu'il n'y a pas de raison que ça se passe mal, que Lelouch n'est pas un ogre, que je ne risque rien, plus l'échéance s'approche, plus je panique. Je suis dans une totale incertitude. Nous commençons dans deux semaines et je n'ai toujours pas reçu le scénario. J'ai une vague idée, parce que Claude me l'a exposée, de l'histoire, de mon personnage, Jane, mais les détails… Ce que je sais c'est ce qu'il m'a confié. Mon regard triste de tant de chagrin ne rend que plus fort mon sourire, lorsqu'il illumine mon visage. Faire son premier film avec

Claude, c'est à la fois effrayant et décomplexant. Il veut ses acteurs naturels, imprévus, en liberté. Il attend d'eux une générosité, un lâcher prise total. Justement. Avec le « lâcher prise », j'ai un peu de mal. Pour se laisser aller, ne plus contrôler, il faut se faire confiance, faire confiance. Lelouch risque de me servir de thérapeute. Obligée de me faire violence, de laisser la vie m'envahir sur un plateau comme je ne le fais pas normalement lorsque je n'ai pas de scénario.

19.

Rayons de soleil

Ils sont heureux, je crois. Mes frères et sœur, et leurs tribus. Ça me fait du bien, dans ce rayon de soleil qui réchauffe tout, d'avoir cette image d'eux souriants. Pour cette minute, cette photo, il fallait que j'organise ce voyage en famille… Nous sommes ensemble, pas au grand complet, manquent les disparus… Mais aujourd'hui, nous sommes tous bien vivants, nous partageons l'air, le moment, le souvenir. Je pleurerais presque. Le reste du temps, je me sens trop loin d'eux.

Ils sont bluffés, mes frères et sœur, depuis qu'ils connaissent la nouvelle : je vais jouer dans un film de Lelouch. On se parle, ils me félicitent, mais je voudrais les voir plus. J'ai de leurs nouvelles régulièrement, on s'appelle, mais nous nous voyons peu. Depuis la mort de papa, j'ai le sentiment de perdre le contact. En fait, si je suis honnête, la distance entre nous s'est installée à la mort de maman. Les réunions de famille se sont raréfiées et elles n'ont plus le même goût. Un lien s'est émoussé. Et puis, entre-temps, autour de moi les choses ont changé, sans doute ont-ils eu l'impression que c'est moi qui avais changé.

D'accord, maintenant je suis célèbre et à l'aise, je voyage en première et je rencontre des gens importants. Ça ne m'empêche pas de me rappeler d'où je viens. Je suis toujours leur petite sœur. Mais les jupons de maman ont disparu. Je suis leur sœur, justement. Sans doute craignent-ils de me faire honte, que je les méprise, eux qui se considèrent comme des gens trop simples, peu intéressants. Je sens bien leur humilité et leur gêne. Le fait qu'un des enfants devienne célèbre peut créer un vrai déséquilibre dans la famille. Je pense pourtant tout faire pour ne pas les écraser, les mettre mal à l'aise. J'essaie de faire des cadeaux qui paraissent inaperçus.

Eux, ils gardent le contact avec moi en me regardant à la télé. Ils n'osent pas me déranger, alors ils m'appellent trop peu. Avec Carine, on a un lien particulier parce qu'on est les deux frangines. Nous sommes proches. Enfin, nous étions. Aujourd'hui, j'aimerais l'avoir près de moi pour évoquer nos souvenirs, je suis certaine qu'elle comprendrait mes douleurs, après tout elle a les mêmes. Je pense souvent à elle, sa tristesse, je la connais : ce que les gens voient chez moi, je le vois chez elle.

Mes frères et sœur me croient trop occupée pour eux. Et, en même temps, ils n'ont pas beaucoup le temps pour moi. Ma sœur notamment, avec son mari et ses trois enfants, n'est pas souvent disponible. On arrive à se voir parfois mais plus jamais en tête à tête. Alors je me sens un peu de trop. Ils font sans moi. Peut-être parce qu'ils s'imaginent que je fais sans eux. Pourtant, je les aime et ils me manquent.

Je le sens, le fossé qui s'est fatalement creusé entre nos vies, entre nous. Quand je reviens chez moi, dans l'Est, j'évite les signes extérieurs de richesse, qui pourraient être pris pour une provocation. Je m'efforce de peu me maquiller, de porter des vêtements simples, de me fondre dans le paysage, j'essaye de faire croire que je suis restée la même. Mission impossible, bien sûr, je ne peux pas nier ce que je suis devenue. Un exemple, lorsque je croise une vieille copine de classe, elle me reconnaît tout de suite, elle m'a vue grandir, vieillir à la télé, cela fait plus de vingt ans qu'elle suit ma carrière, mais moi je ne la reconnais pas tout de suite, j'hésite sur son prénom. Aussitôt la réaction est de croire que maintenant que je suis devenue une star... Mais nooon ! C'est simplement parce que moi, je ne l'ai pas vue grandir, ma copine avait seize ans... Elle en a quarante-quatre aujourd'hui ! C'est une autre personne. Comment arriver à leur faire comprendre ce que je ressens ? La richesse et la notoriété ne m'ont pas fait oublier d'où je viens, le même sang coule dans nos veines.

Au début, quand on commence à gagner de l'argent, on a tendance à consommer du luxe. J'ai passé comme ça une phase frénétique. De rattrapage. Je me procurais des crèmes uniquement chez les parfumeurs, je choisissais de la lingerie fine, je fréquentais exclusivement les magasins chics, je ne mangeais que dans des restaurants sans menu, tout à la carte. Tout ce que j'imaginais que fait un riche, je le faisais. Et puis, après, j'ai compris que ça ne me rendait pas plus heureuse, que l'argent est un plus au bonheur et qu'il rend la vie plus facile.

Nous avons un point commun dans la fratrie Kaas, en dehors de la couleur des yeux : nous craignons le soleil. J'aurais donc pu louer une baraque sans piscine si la fratrie était venue sans les conjoints. Parce que nous entamons un nouveau millénaire, j'ai emmené ma famille en Corse, dans le golfe de Spérone. Pendant des semaines, j'ai réfléchi dans tous les sens pour trouver les bonnes dates, le bon lieu, la bonne maison. J'aurais été moins stressée si j'avais eu un mariage à organiser ! J'ai peur de les énerver, de les gêner, de les décevoir. Je voudrais un super endroit mais je me contredis la seconde d'après. Je voudrais quelqu'un pour nous décharger de l'intendance mais je crains qu'ils ne m'en veuillent d'avoir un serviteur. Je n'arrête pas de me poser des questions : « Est-ce qu'ils préféreraient ceci ou cela ? », « Est-ce que ceci est mieux que cela ? », « Comment risquent-ils de prendre ça ? » Une torture, un casse-tête chinois que je m'inflige, à tort, par amour, par angoisse de perdre ce qu'il me reste encore.

En fait, ils apprécient la maison que j'ai trouvée. Il y a un bâtiment principal et une multitude de petits bungalows pour que chacun ait son autonomie. Ça change du temps, très lointain, où on dormait à trois dans une chambre. Dans le même esprit, j'ai mis des voitures à disposition. Globalement, ils ont l'air ravis d'être ici. Moi, je suis tellement excitée et nerveuse d'avoir l'occasion de leur faire plaisir ! Certains me racontent leur voyage jusqu'ici, surtout le vol. C'est la première fois qu'ils montent dans un avion, qu'ils voient la terre de loin, la mer en tache et les nuages. Quel bonheur de les entendre !

Pendant presque un mois, j'ai dans le creux de mes yeux leurs sourires, leurs joies légères, le plaisir d'être en vacances ensemble. Nous n'abordons pas les sujets sérieux, nous ne nous confions pas. Un des grands moments de ce séjour fut de nous embarquer tous sur des quads, les Kaas à la queue leu leu, dans le vrombissement des moteurs, la poussière ocre volant tout autour de nous. Nous avons tant ri ! Nous profitons aussi de ce qui se présente, nous disons le plus de bêtises possible, nous passons des heures à table. En fin d'après-midi, nous prenons l'habitude de l'apéritif sur la terrasse avec coucher de soleil et quand, parfois, notre gorge se serre devant le spectacle teinté de nostalgie, nous gardons le silence, d'un air entendu. Chez nous, on tait nos sentiments.

Nous nous séparons, ça y est. Une espèce de tristesse insondable s'est emparée de moi, une sensation de fin, d'irréversible. Je devrais me satisfaire de ce que nous venons de partager, de notre réunion, de l'affection dont nous avons eu le temps de nous délecter. Malgré tout, je voudrais plus. Et, pardessus tout, je déteste ce moment fragile où les maisons se vident, à la fin des vacances, au comptegouttes, demeurant exsangues, trop propres, encore colorées des bruits de l'été... En partant, Bruno m'a lancé : « Eh, Patricia, s'il cherche des figurants, Lelouch, je suis là, pas de problème... » J'ai relevé. À partir de maintenant, mes frères et sœur me laisseront peut-être les aider, leur rendre des services, leur faire plaisir.

20.

Scènes de film

Elle est celle qui va me guérir, en plus d'un pèlerinage difficile sur une tombe. Elle est supposée en avoir le pouvoir. Elle, c'est Jane, mon personnage dans le film de Claude. Elle est malade, mais si elle sait affronter les épreuves, elle pourra sans doute survivre. Nous tournons aujourd'hui la scène qui se passe chez la guérisseuse. Son regard est insoutenable. Je suis très impressionnée, on ne voit que le blanc de ses yeux. Je dois avouer que ça me fiche la trouille... Elle me tient le visage entre ses mains, me fixe avec une intensité telle, et me parle dans une langue inconnue, me répète des phrases kabbalistiques, des mots bizarres. J'ai le sentiment hyper désagréable qu'elle est possédée, peut-être contagieuse, et qu'elle veut percer un trou à l'intérieur de moi pour y voir plus clair. Sa tête de sorcière n'est qu'à cinq centimètres de moi, je sens son haleine et ses yeux sont révulsés. La consigne veut que je le soutienne ce regard pénétrant, sans cligner des paupières, sans larmoyer. Pas sûr que j'y parvienne. Là, je suis plutôt à la limite de craquer. Nous sommes seulement à la deuxième prise, mais je ne suis pas d'accord pour en faire une troisième. Je suis trop perturbée par cette femme qui me scrute l'âme, de force. Elle me rappelle ce médecin guérisseur que j'avais rencontré adolescente et que j'ai revu plus tard lorsque maman était malade.

J'ai peu de souvenirs de mes rencontres avec ce médecin, je me rappelle juste les quelques minutes où il a tenu ma main avec une intensité qui m'a fait frémir. Il me fixait avec un regard quasi extraterrestre, plus que perçant. J'avais le sentiment qu'il plongeait en moi, qu'il voyait en moi et à travers. C'était extrêmement gênant. Je sentais mon esprit comme à nu. Il se projetait à l'intérieur de moi, comme dans un autre monde, et le racontait avec ses yeux. Ça m'avait paru terrifiant. Je n'avais pas osé lui demander d'arrêter mais je n'avais jamais eu cette sensation. L'expérience, surprenante, m'avait marquée. Et maintenant je la revis.

C'est pour ça que je n'aime pas cette scène entre Jane et la guérisseuse. Au départ, je la voyais presque comme une récompense, la partie facile d'une séquence dans l'ensemble assez pénible. C'est dur, le cinéma ! Et même si l'ambiance sur le plateau est sympa grâce à la spontanéité de Claude et aux drôleries de Jeremy Irons, les journées de travail sont chargées, et à moi, on me demande énormément, bien sûr, étant le rôle féminin principal. Je passe beaucoup d'heures au maquillage et à essayer de lutter contre la chaleur qui rend le tournage plus difficile que prévu.

Je suis résistante, pourtant. Assez sportive aussi. Motivée, beaucoup. Mais ce que je viens de faire, la séquence sorcière, m'a ruinée. Il le fallait, pour croire au personnage de Jane, chanteuse déchue, triste et amnésique, femme malade qui vient chercher malgré tout le dernier moyen de vivre. Le moyen, c'est la tombe, entre autres choses, et elle est en hauteur. Elle se planque, comme tout bon guide spirituel, au sommet d'une montagne. De sable. Pour avoir une chance de croiser un miracle, il faut escalader la dune à l'heure la plus chaude, midi, sans eau.

Avec un réalisateur « normal » donc pressé, je me serais contentée de grimper dans une voiturette qui m'aurait déposée au milieu de la dune avec des glacières remplies d'eau fraîche pour éviter les syncopes et autres incidents parfois très coûteux. J'aurais fait quelques vagues pas, pour montrer deux ou trois gouttes de sueur, et on aurait tourné les plans. Avec Claude Lelouch, ça se passe autrement. Il m'explique que je vais devoir en plein cagnard monter la dune en courant. Pour de vrai. « Jusqu'en haut ? osè-je. — Oui, c'est bien ça, jusqu'en haut, jusqu'au tombeau. » Il n'a pas l'air de plaisanter, ceci n'est pas un bizutage, je ne rêve pas.

Nous sommes au Maroc, au printemps, en plein désert. Il fait si chaud qu'à huit heures du matin déjà je suis obligée de m'abriter du soleil. Surtout que je brûle facilement. Je regarde la raideur de la côte à gravir et je prends peur. Dans le sable, circonstance aggravante, les pieds n'ont pas d'accroche et perdent des millimètres voire des centimètres. Peste que je suis, j'implore Cyril de grimper la dune avec moi, histoire de principe : j'en bave, il doit en baver ! Il n'aura qu'à enfiler une djellaba et se glisser parmi les figurants. Il est obligé d'être solidaire. Je suis d'une complète mauvaise foi. Le pauvre ! Son statut de manager ne prévoit pas qu'il partage à ce point mes galères. Petite déjà, j'avais tendance à embarquer tout le monde dans mes sales moments à passer, convaincue que plus on était de fous à les partager, moins ils seraient pénibles. Quand, par exemple, j'avais un médicament dégueulasse à prendre, je tenais à ce qu'on le goûte avec moi. Les inhalations qui me donnaient la sensation que mon crâne allait exploser, je me débrouillais pour que quelqu'un d'autre en bénéficie avec moi.

Je suis sûre que je ne vais pas y arriver et je préfère qu'il soit là au moment où je vais m'écrouler. Raide morte ! Le réalisateur, lui, compte tenu de ma bonne forme physique, ne s'inquiète pas. Il se dit que j'ai l'âge et l'entraînement. Sauf qu'il fait 40 degrés à l'ombre et que ce qu'ils appellent « colline » est un mur. La montée m'ôte peu à peu mes forces, met mes genoux à rude épreuve, me trempe de sueur. Accablée, je continue mon calvaire. Comme prévu, je m'enfonce trop pour avancer vite. La montée dure des heures, bien assez longtemps pour claquer sur place ! Chaque pas me mène vers la sainteté, mais en passant par la mort. D'abord, mon teint rosit sous les effets du soleil. Au bout de deux cents mètres, il rougit. Ensuite, il est violet et Cyril me regarde bizarrement, ce qui m'énerve prodigieusement et m'autoriserait à l'engueuler si la caméra n'était pas là. Je vois la crête, la fin du pèlerinage, les silhouettes qui m'attendent. Bien envie de les tuer là-haut. Le premier qui me fait une réflexion sur ma couleur, ma lenteur ou mes vêtements à essorer, je le massacre sur-le-champ.

Les derniers mètres, je les fais sur les genoux. Claude m'avait demandé de m'écrouler sur le tombeau en atteignant le sommet. Je ne fais vraiment pas semblant. Je m'affale, m'étale. Je suis prête à me mettre immédiatement en grève. Et quand le réalisateur vient à ma rencontre, je le fusille du regard. « Ah, tu voulais du vrai ? J'ai bien failli crever ! En fait, c'est bien ça que tu veux dans ton film, ma mort en direct. » Il rigole, pleinement satisfait de son coup. Moi, je suis si faible et si déshydratée qu'ils m'évacuent dans une voiture climatisée. Ils m'aident à faire baisser la température de mon corps et mon rythme cardiaque.

Décidément, mon personnage, Jane, va mal. Je passe des heures au maquillage pour adopter son visage sinistré, ses cernes de résignation, son regard perdu. On me dessine plein de petites veines pour accentuer le côté diaphane de celle qui souffre de maux de tête. J'ai des scènes poignantes qui m'attachent à Jane. Je refuse de jeter un œil sur les rushes comme Claude me le propose. J'ai déjà peine à me voir dans le miroir… C'est cela, le passage fugace de la tristesse incommensurable à la joie dans l'œil que Lelouch cherche à capter chez moi, à imprimer. Une transition rapide de la pluie au soleil, de l'ombre à la lumière.

À part la colline des potences, j'ai d'autres scènes un peu « compliquées » à tourner. La scène de baiser notamment. Je n'ai aucun problème avec mon partenaire, au contraire. Jeremy Irons est beau, son petit accent anglais charmant et nous avons plutôt un bon rapport, lui et moi. Et comme personne ne m'a indiqué s'il fallait que je l'embrasse vraiment, j'ai tranché toute seule en optant pour un baiser pas de cinéma. Puisque Lelouch passe son temps à nous demander du vrai… Et puis je ne risque rien. La présence des caméras peut avoir du bon… Je n'oublie pas de sucer un bonbon mentholé juste avant et j'y vais. Tout se passe à merveille.

Sur le tournage, l'esprit est plutôt à la fête. Jeremy, qui est un artiste complet, a apporté sa guitare et nous gratifie de mini-concerts le soir. Entre les prises, nous discutons, nous plaisantons avec les autres. Bruno, mon frère, est là. Je l'ai invité au Maroc avec sa femme. Quand je ne suis pas essorée par une longue journée dans le sable, je passe d'excellentes soirées avec eux.

Avec Jeremy, nous sommes proches. Il m'aide sur le tournage. Quand je suis bloquée sur quelque chose, que je ne sais comment jouer telle phrase ou telle situation, il me guide. Nous sommes complices de nos faiblesses : ses difficultés en français, mes difficultés en actrice. Mais notre entente ne tarde pas à devenir un sujet de conversation sur le plateau.

Pour la fête de fin de tournage, j'ai l'idée de préparer une surprise, un clin d'œil aux moments passés ensemble au Maroc. Sur une fausse feuille de route, je donne l'itinéraire et le *dress code* : djellaba pour tout le monde ! J'invite un groupe, des copains à moi, Les Cochons dans l'espace, et je fais le tour des filles de l'équipe, pour leur proposer de répéter avec moi une danse du ventre. Elles sont partantes au début mais me lâchent toutes en cours de route. Je me retrouve seule dans ma tenue orientale. Heureusement que je suis habituée à être seule en scène ! Elles rendent d'ailleurs hommage à mon courage quand elles me voient me lancer… après quelques verres de tequila. Les hommes, eux, sont plus intéressés par ma prestation que par mon courage. Il faut dire que je le fais sérieusement : j'ai pris des cours pour être au niveau. C'est vraiment très sympa, cette fête. Je parviens même à convaincre Claude Lelouch de chanter « Mademoiselle chante le blues » avec moi !

Deux semaines plus tard, nous nous retrouvons à nouveau, toute l'équipe du film, pour une soirée à Londres. Je suis ravie de revoir Jeremy. Au moment de nous quitter, avec Jeremy, nous échangeons un baiser d'adieu. Le lendemain, le baiser est en couverture de tous les journaux people anglais. Avec des légendes toutes plus fines les unes que les autres. Mon premier mouvement est d'en rire. Je serais presque flattée. Il y a pire fiancé auquel la presse aurait pu m'associer. Malgré l'épisode, nous nous revoyons en France, à Paris, et la rumeur nous concernant reprend de plus belle.

Nous sommes très amis, mais il n'est pas question d'être un couple. Les articles et photos dans la presse internationale achèvent de briser notre lien. Maintenant, il ne faudra plus se voir du tout. J'ai l'occasion de subir encore une fois les dégâts irréparables commis par les médias avec une certaine désinvolture.

Avec Claude Lelouch, nous avons aussi créé des liens privilégiés. Les semaines de tournage nous ont rapprochés et nous avons su entretenir notre rapport d'amitié. Il souhaitait me faire un cadeau inoubliable… Je l'ai baptisée Tequila. Très vite, nous sommes devenues inséparables, je l'emmène partout avec moi. Y compris en tournée. Nous avons même un petit rituel, après chaque concert, dans ma loge, épuisée, je me jette à terre, Tequila au même moment se roule à mes côtés, les quatre pattes en l'air. Elle est mon amour, ma beauté, mon ange.

21.

Rêves et cauchemar

Les flashs crépitent, les photographes nous appellent, la foule se presse contre les barrières. Le moment est à la fois très court et très long. Je n'ai pas l'habitude de cette cérémonie et je ne me sens pas tout à fait légitime alors même que j'ai le rôle féminin principal dans un film. Une fois de plus, ce soir, je manque un peu d'assurance… Nous sommes, avec Claude Lelouch, Jeremy Irons et toute l'équipe du film, les derniers à fouler le tapis : nous clôturons le Festival de Cannes avec *And now… Ladies & Gentlemen.*

À la conférence de presse, dans l'après-midi, j'ai pu parler de mon rôle. De la douleur de Jane, de sa vie en éclats. J'ai même expliqué comment le film et sa bande originale m'avaient amenée à créer un spectacle que j'emmènerai bientôt en tournée, *Piano-Bar*. Des standards français que j'interprète en anglais.

Je suis fière, bien sûr, de monter les marches au bras de Jeremy, cet acteur que j'admire. Néanmoins, je sais rester humble en présence des plus grands réalisateurs. Cette année, David Lynch, Scorsese, Miller, et autant d'acteurs célèbres. En fait, de la même manière que je n'ai jamais rêvé secrètement de me marier dans une belle robe de princesse, je n'ai jamais fantasmé le tapis rouge et l'affolement des photographes.

Je ne suis pas actrice. Pour que j'y croie, il faudrait que je recommence. Une fois ne suffit pas, à mes yeux, pour me donner une légitimité. Ensuite, les honneurs, j'y suis sensible mais je n'en suis pas folle. Les vraies preuves d'estime sont, pour moi, les cris et les larmes du public pendant les concerts ou les larmes des fans.

Le Festival de Cannes me semble un peu décevant. L'ambiance qu'on ne cessait de me vanter, peut-être parce que nous sommes arrivés à la fin du festival, me paraît assez terne. Il y a bien une belle soirée passée en compagnie de Jeremy dans mon souvenir, et une séquence marrante sur les genoux de Hugh Grant, mais il n'y a pas la luminosité qu'à l'époque je m'attendais à trouver dans mon séjour cannois.

Quelques années plus tard, je suis revenue pour monter les marches aux côtés des stars de *Ocean 13* et là j'ai ressenti cette excitation dont tout le monde me parlait. Grâce à une très brève rencontre… George Clooney ! À un dîner donné par Sharon Stone au profit de l'Amfar, la fondation américaine contre le Sida, auquel je me rends, j'espérais intensément, en fan de base que je peux être parfois, le croiser. Je suis folle de lui. Il me rappelle mon père. Je n'ai pas été déçue.

Je suis en train de chercher ma table en faisant trois pas en arrière. À ce moment précis, je percute de dos un homme, j'ai le réflexe de m'excuser et je me rends alors compte qu'il s'agit de George *himself* ! Je n'ai pas la présence d'esprit de lui parler, de trouver une phrase à lui dire pour le retenir auprès de moi. Je suis hystérique de l'avoir eu à portée de main et d'avoir manqué d'à-propos. Je pourrais en manger mon sac !

Souvent, quand je parle des hommes connus que je trouve à mon goût, on s'étonne. On me dit : « Mais comment ça, toi qui es connue, tu ne les connais pas ? » Les gens imaginent qu'entre célébrités on se connaît tous, on se fréquente !

*

Pour la tournée *Piano-Bar*, au retour de Cannes, je commence à Paris au Cirque d'hiver. Et puis je m'envole pour les États-Unis. Je passe par New York où, cette fois, je me sens moins petite, pour aller à Chicago et à Detroit, une ville ouvrière dont le ciel de fumée me rappelle une certaine petite ville frontalière… J'atterrirai bientôt en Californie, à San Francisco et Los Angeles. Je n'ai pas le temps de me promener dans les villes pour les découvrir. Les tournées s'accélèrent. On ne reste même plus vingt-quatre heures au même endroit. J'arrive, je chante et je pars. C'est le public qui me donne une ambiance de l'endroit où je suis ; le public, l'unique monument à visiter pour moi. Les arrangements donnent une note intime, créent une proximité pendant les concerts. En tenue assez sexy, je commence le spectacle par un : « *And now... Ladies and gentleman...* »

Je reviens en France pour quelques concerts à travers le pays. Je m'arrête, entre autres, à Thionville où je fais venir ma famille. Et puis, Aix-en-Provence. Et ce soir-là, ma tournée se couvre d'un voile noir. Je suis dans ma loge, je viens d'achever le spectacle, je suis épuisée. Comme d'habitude, je suis allongée, haletante, et je m'amuse de voir Tequila japper et faire des roulades. En sueur, je sais qu'il va falloir me relever pour me changer avant de sentir le froid. Je suis là, épuisée comme après une course, dans le même bien-être.

Cyril entre dans la loge, la mine grave, livide. Il a une larme qui perle au coin de l'œil et il me regarde tristement. La scène joyeuse avec le chien, l'enthousiasme post-scène, la vie chaude qui coulait il y a encore une seconde s'est figée. À sa tête, pas besoin d'être médium pour comprendre qu'il y a eu un accident, qu'un truc désagréable s'est produit : « Pat, ton frère... » Immédiatement, je pense à Bruno, c'est le seul qui est malade, le seul susceptible d'avoir un grave problème de santé en ce moment. L'annonce de sa mort me glace. J'en veux à Bruno de sa lâcheté. Je suis aussi en colère que triste. Je sais que la vie peut être dure. Mais je sais aussi que la première règle, transmise par nos parents, c'est l'obstination, la volonté, le courage. On se bat même quand on n'a pas moins de chance que d'autres. On ne laisse pas l'ennemi prendre le pouvoir sans rien dire. On est fier. On n'abandonne pas, surtout pas à quarante-neuf ans. Même quand on est au bord. Il n'était pas plus condamné que nous le sommes tous. Je suis dévastée et énervée. Je lui en veux de nous avoir laissés, nous ses frères et sœurs et puis sa femme et ses enfants surtout. Une tribu de malheureux qui se heurte à un mystère sans pouvoir le résoudre.

Quand j'étais petite, Bruno était le frère qui prenait plaisir à nous rappeler nos obligations, nos devoirs. Nous avions très peur de lui. Je le craignais plus que mon père. C'était assez pénible d'avoir en permanence un frère qui surveille et vérifie, qui critique et réprimande. Mais le reste du temps, quand il ne nous grondait pas, il était sympa et drôle. Plus tard, il a appris qu'il était diabétique et il a changé. Il s'est mis à oublier d'être sérieux, il déconnait et souriait à la vie. Alors qu'il était un peu rugueux, il s'est adouci en vieillissant. Un autre homme, un autre frère. C'était touchant de voir Bruno devenir une pâte, lui qui avait été le plus strict des frères. Je m'entendais de mieux en mieux avec lui. J'aime rire, j'aimais partager ses blagues et ses répliques marrantes. Nous avions commencé de passer ensemble du très bon temps, joyeux.

Mais mon pauvre frère a accumulé les soucis. En plus de son diabète, il a eu ensuite des problèmes de cœur, graves, un triple pontage l'a obligé à rester longtemps à l'hôpital. La succession de ses ennuis de santé a entraîné Bruno dans une déprime continue dont il était difficile de le sortir. Il ne supportait pas la faiblesse de son corps.

Cette douleur inextinguible que je ressens à cette minute, je voudrais la lui montrer pour qu'il comprenne son erreur, sa faute. Je ne pourrai pas rechanter avant longtemps sa chanson préférée, « L'Aigle noir ».

22.

La force et les honneurs

Début 2003, après la période langoureuse du film et de la tournée *Piano-Bar*, j'entre dans une phase beaucoup plus énergique. Le décès de mon frère a électrisé quelque chose en moi et j'appréhende mon nouvel album sous un jour… énervé. J'ai faim d'un disque copieux, costaud. Ma maison de disques me suit dans ma dynamique. Je veux plein de participants différents, pas de maître du jeu. J'ai l'idée d'une œuvre forte, un peu sexiste, où je ferais tourner les hommes autant que les chansons. J'ai envie de sortir les poings. La femme féminine et sexy de *Piano-Bar* va laisser la place à une super nana combative et revendicatrice.

Je prends mon temps pour choisir les titres qui figureront sur l'album dont le concept émerge naturellement. L'album s'appellera *Sexe fort*. Illustré du symbole de la femme, vous savez ce dessin ♀. Il doit me représenter telle que je suis. Et aujourd'hui, je me sens plus forte qu'avant et plus libre. Je me suis comme émancipée. J'ai gagné avec ma voix une autonomie artistique, financière. J'ai fait mes preuves en tant que chanteuse : en quinze ans, j'ai vendu quinze millions d'albums.

Pour ce qui est de ma vie privée, j'ai le choix d'être ou pas avec un homme. Je suis ce qu'on pourrait appeler « une femme libérée ». Et comme le dit la chanson, « c'est pas si facile ». Ça complique, à l'évidence, mes rapports avec les hommes qui me craignent doublement. Parce que je peux me passer d'eux et parce que je suis célèbre. Les hommes, j'ai pu le remarquer, redoutent les femmes indépendantes, celles qui s'assument sans rien leur demander. Pour une femme, la liberté se mue parfois en handicap. Pas rassurante, l'artiste qui peut faire de l'ombre, qui gagne sa vie, existe par elle-même. Alors, il arrive que les hommes n'osent pas, qu'ils s'approchent à peine ou qu'ils s'enfuient au moindre inconfort. Il arrive aussi qu'ils osent, qu'ils abusent, désabusent. Avec *Sexe fort*, j'indique clairement que la faiblesse n'est pas du côté que l'on croit.

J'admire souvent le courage des femmes qui doivent se débrouiller seules avec des enfants, un travail, une maison à gérer. J'ai conscience que de m'engager sur de tels terrains risque d'accréditer la thèse de mon homosexualité. L'idée que se font les gens de ce que vous êtes sexuellement, dans le privé, l'intimité, ne correspond jamais à la réalité. Ils projettent leurs fantasmes, leurs rejets sur vous et quand bien même vous tentez de rectifier, ils n'écoutent pas, ne vous entendent pas. Alors la rumeur court depuis longtemps, à mon plus grand amusement. À force de fréquenter mes amies lesbiennes, de faire la fête avec elles, d'être considérée comme une icône gay, c'était inévitable. Et comme ça ne me gêne pas, je ne contredis ni nourris la légende, je la laisse vivre et mourir.

Ce nouveau look pour *Sexe fort*, cette attitude, cette façon électrique d'interpréter mes chansons sur scène, tout cela me va bien. On compare parfois ma présence et mon énergie à celle à Johnny Hallyday. On parle de moi comme de son équivalent au féminin, en raison de ce truc de rebelle et de la voix, puissante, qui se donne sans retenue, que nous avons en commun. Avec ma coupe courte blonde, mon air volontaire, mon côté femme qui se bat avec les poings, je montre une partie de moi importante, qui contrebalance l'autre face, réservée, fragile, douloureuse. Je ne suis pas mécontente de mettre en évidence mon côté plus énervé, plus dominant, plus croqueuse d'hommes. J'ai conscience de paraître à certains distante, froide, inaccessible, presque pétrifiée. Cette image-là aussi me colle, sans être exacte. Une image, c'est paradoxal, ce n'est ni totalement juste ni totalement faux. Elle correspond à un moment de soi mais aussi à une époque et à une influence. Il est impossible d'échapper aux influences, qu'elles soient directes ou plus diffuses.

Ce qui a changé avec les années, c'est ma capacité à décider de ce qui m'allait ou pas. Mes goûts se sont affinés, enrichis. Mais, quelle que soit l'évolution de mes tenues, du genre de mes albums, certains *a priori* s'ancrent et il devient difficile de les contrer. Dans *Sexe fort*, je tranche avec un style plus agressif, j'opère une rupture, comme un électrochoc, pour bouleverser les esprits, modifier certains regards par la force. Je m'amuse à provoquer un peu, je pose une question dérangeante qui est le titre phare de *Sexe fort* : « Où sont les hommes ? »

Des hommes, j'en ai sollicité plein sur mon nouvel album. Des complices de longue date comme François Bernheim, Jean-Jacques Goldman ou Pascal Obispo, mais aussi Francis Cabrel, Patrick Fiori, Renaud, Louis Bertignac et Stephan Eicher. Je multiplie les associations, je reçois plein de propositions parmi lesquelles il faut maintenant choisir, retenir. Sur le lot, j'en garderai quand même quinze !

Pour la première fois de ma carrière, j'ai eu envie de gribouiller, de raconter quelque chose. Après un court moment d'hésitation dû à mon complexe avec les mots, les phrases, les textes, je m'y mets. Dans un premier couplet, je décris l'endroit où je suis. Au suivant, je me demande de qui ou de quoi je vais pouvoir parler. Arrivée au dernier je me rends compte que je viens d'écrire ma première chanson ! Et puis je raconte comment on fait sa première chanson. Mon texte me fait sourire, un peu naïf, un peu drolatique. Au moins, j'essaie. Mais j'ai l'honnêteté d'estimer ma création à sa juste valeur. Elle est inférieure à celle des autres textes, à celles des vrais paroliers. Donc je décide de ne pas garder mon premier texte.

L'ensemble des titres sonne comme je le désirais. Nous enregistrons à Bruxelles aux studios ICP dans des conditions très agréables. Avec moi, j'ai un arrangeur exceptionnel, Frédéric Helbert. Je l'ai connu en 1994 sur la tournée *Tour de charme* parce qu'il avait alors remplacé un musicien au dernier moment. Grand type costaud, le cheveu long et romantique, le regard tendre et l'allure discrète, Frédéric est quelqu'un de charmant. Sa timidité s'entend bien avec ma réserve et j'apprécie sa sensibilité, son intuition, sa capacité à apporter une seule et même couleur à l'album, punchy. Mais l'enregistrement se révèle compliqué pour lui tant les intervenants sur le disque sont nombreux et cherchent tous à imposer leur vision. Comme il n'a pas encore la notoriété des autres, il a du mal à imposer ses choix. L'album ressemble finalement à ce que je voulais mais je ne peux pas m'empêcher de penser que certains titres ont pâti de ces influences contradictoires.

Avec le répertoire de *Sexe fort*, je suis pressée de partir en tournée. Pour une fois que j'ai plein de titres pêchus, moins émouvants, je me frotte les mains. Pour la scène, c'est idéal.

*

Je suis dans un état second. Impressionnée par le contexte, gelée par la taille de la scène, intimidée par les invités. En plus, je dois résister aux effets du décalage horaire. Je flippe depuis que nous avons mis le pied sur la terre ferme ce matin à 5 heures. Nous rentrons de La Réunion où nous sommes allés roder la tournée *Sexe fort*. En quelques heures, j'ai changé radicalement de cadre. D'une végétation luxuriante, d'un climat tropical, de salles de concert à taille humaine, je suis passée, ce 6 juin 2004, à une tout autre ambiance : celle de la bise marine des plages de Normandie, du soixantième anniversaire du débarquement allié célébré devant une vingtaine de présidents de la République, des têtes couronnées et un milliard de téléspectateurs. Trente-cinq télés, dont CNN en direct, relayent la commémoration.

Avant d'être sur scène, j'avais peur, mais moins. Je n'avais encore pas vu les écrans géants, les tribunes bondées d'officiels. Je suis la seule artiste, en plus, je serai l'unique note. On m'a demandé, en raison de ma double nationalité française et allemande, d'interpréter « L'Hymne à l'amour », le titre chanté par Piaf.

Les projections de lettres, d'images, de soldats tombés pour nous sauver, l'ambiance presque sacrée qui règne aujourd'hui me happent dans le silence. J'ai un trac abominable. Je me sens minuscule, dans mon petit manteau kaki étroit, sur cette grande place, avec la mer derrière moi, dont le ressac ramène l'Histoire et ses combats les plus nobles, pour la liberté.

Je pense aux hommes qui nageaient dans l'eau gelée sur ces plages du débarquement. Et, du fond de mon âme, avec mon émotion accrochée à ma voix, je commence : « Le ciel bleu sur nous peut s'effondrer/Et la terre peut bien s'écrouler/Peu m'importe si tu m'aimes/Je me fous du monde entier… » La fin et les applaudissements me soulagent. Quand je quitte la scène, enfin, c'est sur des jambes tremblantes. À peine en coulisse, je relâche l'énorme pression. Il faut faire vite car on nous explique qu'il faut quitter immédiatement le lieu des festivités sous peine de nous retrouver bloqués à cause du défilé de tous les chefs d'État. Nous filons rapidement et dans la voiture, enfin, je me détends et me réjouis d'avoir vécu ce moment historique, d'avoir chanté un jour J. Et je repense, en écho à aujourd'hui, au prix Adenauer-de Gaulle que j'ai reçu à Berlin en octobre 2000. On me l'a remis pour ma double appartenance, mon incarnation de l'amour de deux nations autrefois ennemies à travers le monde.

En 2003, je reçois la plus touchante à mes yeux des récompenses officielles : la médaille de l'ordre du mérite de la République fédérale allemande (Bundes-Verdienst Kreuz Ertse Categorie). L'équivalent pour nous, français, de la Légion d'honneur.

Le président français, je l'avais déjà rencontré quelques fois. Il m'avait notamment conviée à l'Élysée en 1994 pour me remettre la médaille de la Ville de Paris. Le clou de la soirée n'avait pas été mon petit discours de remerciement mais ma chute de l'estrade ! Je me suis retrouvée direct dans ses bras. C'était juste après que Madonna lui eut offert sa petite culotte, décidément une belle semaine pour le maire de Paris !

Avec François Mitterrand aussi, j'ai eu un contact chaleureux. Pendant son deuxième septennat, il m'a invitée à chanter devant le président du Portugal, Mario Soares. Le protocole avait prévu que je reste exactement vingt-deux minutes sur scène. Mais le chef de l'État, emballé par ma prestation, s'oppose à ce qu'on me stoppe. Il se lève alors, me rejoint sur scène et, avec la plus grande des politesses, me demande de continuer. Hélas ! Dûment briefés par les services de l'Élysée quant à la durée très exacte de ma prestation, nous n'avions rien prévu d'autre !

Mais l'épisode le plus amusant avec des présidents reste pour moi le dîner d'État Chirac-Poutine. Le climat était tendu du fait de la guerre en Tchétchénie. Le protocole de ce genre de rencontre est impressionnant. Sous les lambris et les dorures, sur les parquets lustrés, le personnel en gants blancs se faufile discrètement, la tenue très correcte est exigée, les règles protocolaires, le décorum du palais de l'Élysée sont imposants. Ce soir, ce sont les deux pays qui dînent ensemble. Les officiels russes sont en nombre et, côté français, le Président est accompagné de son Premier ministre, Lionel Jospin, et de tout le gouvernement. Très vite, les officiels russes se détournent de leurs homologues français pour venir me parler, me présenter leurs camarades, et même me faire signer des autographes. La situation amuse beaucoup Cyril qui sent bien la délégation française agacée par tant d'égard. Mais la situation n'amuse pas que lui ; le Président Chirac vient de s'en apercevoir et nous invite à le suivre dans le salon privé où il accueille le président Poutine qui est un fan – sa chanson préférée est « Entrer dans la lumière ». Du fait de son affectation à Berlin Est dans les années 70, il parle allemand couramment, c'est dans cette langue que nous échangeons. C'est un moment de détente, disons cordiale ! Un digestif ou deux, ma présence, font que la France et la Russie oublient pour un instant les tensions qui les occupent. Si j'ai pu servir à ça, alors, tant mieux, c'est une façon comme une autre de servir son pays après tout !

*

La même année, je fête mes vingt ans de carrière à l'Olympia. Quatre heures d'un marathon musical ponctué de surprises plus loufoques les unes que les autres mais une qui restera comme un des beaux moments de ma carrière : Henry Salvador me rejoint sur la scène et ensemble nous chantons « Syracuse ». Dieu que c'était beau !

23.

Style de vie

En Asie où je suis retournée aussi pour *Sexe fort,* je reçois l'amour des Coréens et découvre la Chine. Sa capitale lui est proportionnelle. Beijing ne peut qu'étonner. On y sent l'agitation avant l'explosion de la modernité. Je suis frappée par la pollution extrême qui obscurcit la ville et les milliers de voitures qui y zigzaguent. Et le lieu où je vais chanter me fascine quand je le vois. Place Tian'anmen, de sinistre mémoire, se tient le Palais du peuple, un carré, raide et magistral. Il fait plus de 150 000 mètres carrés et quand on est sur les marches, face à l'entrée, on se sent infiniment petit. Parce qu'il est haut aussi. À l'intérieur, les plafonds sont dorés et le rouge domine. Ils seront cinq mille Chinois à venir m'écouter et relativement à la population totale, ce n'est rien. Mais je suis flattée d'inaugurer ce lieu imposant. Il n'est pas neuf, il date de 1959 mais c'est d'y faire un concert qui est une première. Le Grand Hall du peuple à Pékin servait jusqu'alors exclusivement les besoins du Parti. Cette année, la France est à l'honneur dans ce pays vaste comme un continent. Hier, j'étais à Shanghai, demain je serai à Hong Kong.

Le public chinois me plaît parce qu'il est enthousiaste. Il sait profiter du moment de fête qui lui est accordé. Je suis très exotique pour lui, assez lointaine et, pourtant, il m'accueille comme si Mao avait laissé des consignes pour qu'on me traite bien. J'essaie de comprendre le peuple sous les étranges inflexions de la langue. Et je vais faire un tour du côté de la Grande Muraille sur laquelle je me blesse… Je fais la course avec mon équipe : c'est à celui qui montera les marches le plus rapidement. Je me démène pour gagner, je suis presque arrivée en haut quand je glisse et me retourne le pied. C'est une déchirure musculaire mais nous n'avons pas le temps d'aller chez le médecin, nous avons un avion à prendre pour rejoindre Hong Kong.

Arrivée à destination, je ne peux plus marcher et je suis contrainte de monter dans une petite voiture de golf pour traverser le hall de l'aéroport. Ridicule ! Pour que je puisse être sur scène le soir, on m'applique des baumes destinés aux sportifs de haut niveau qui m'aident à supporter la douleur malgré l'effort physique.

Pour *Kabaret*, plus tard, il me faudra affronter la souffrance physique. Au pied encore. Pas évident de danser, de bouger sur une scène pendant plus de deux heures quand chaque pas provoque le supplice. Malgré les remèdes de footeux, malgré la diversion. En me concentrant totalement sur mon spectacle, j'ai toujours imaginé pouvoir dépasser les douleurs. Chanter avec un mal de tête, ou avec le pied ouvert, ou même avec une hernie cervicale, ou avec un chagrin d'amour, je l'ai fait, j'y suis parvenue, mais à quel prix ? Quand on est artiste, on peut difficilement décommander. On sollicite trop de monde pour pouvoir se faire porter pâle. Il n'est pas question de renvoyer le public chez lui, les musiciens, les techniciens. Ce n'est pas seulement une question financière. Il s'agit d'éthique. Tant qu'on est capable de tenir debout, même en souffrant, on va sur scène. Il n'y a pas d'hôpital pour les artistes ! Nous, on se produit un jour J, les gens ont acheté leur billet pour ce soir-là, ils se sont organisés en conséquence. Par respect pour eux, on y va tout de même ! Malgré la douleur, en se surpassant. L'effort devient alors surhumain, mais gratifiant… L'enthousiasme du public se pose comme un baume, atténue un peu l'enfer.

*

Précisément, la tournée *Sexe fort* me ramène, entre autres, au pays de Vladimir Poutine. D'ordinaire, je me cantonne à Moscou et Saint-Pétersbourg, mais là je me lance dans un périple qui me fait passer par une multitude de villes, de l'Oural à la Sibérie. Je me balade d'est en ouest en m'arrêtant dans quinze endroits différents pour donner mes concerts. Le voyage dans ce pays qui m'est familier maintenant et où les gens me plébiscitent me réconforte. Dans chaque ville, chaque soir, les salles sont pleines. Je suis toujours leur amie française. Ils me font une haie d'honneur partout où je passe. Ils me réclament, m'invitent, des shows télévisés nationaux me sont consacrés, je partage le plateau avec les plus grandes célébrités du pays.

Leur amour se transmet de génération en génération. De mère en fille et de père en fils. Je le vois bien dans les publics que je rencontre, ils viennent en famille à mes concerts. Dans les villes où je me produis, je suis presque toujours conviée à un concert au conservatoire de musique ou à l'école maternelle qui parfois porte mon nom comme à Rostov-sur-le-Don. Quand ce ne sont pas des virtuoses du violon, ce sont des petites chanteuses russes qui m'honorent en reprenant mes tubes.

À chaque fois, quand je regarde ces gamines blondes qui poussent la chansonnette, je me revois plus jeune. À l'âge où je pensais voyager à travers le monde, gagner des récompenses, faire des disques, des spectacles. À la vue de ces gamines attendrissantes, je me prends à effleurer un désir d'enfants...

*

Je n'ai jamais pris la décision d'enfanter. Mais mon corps, lui, l'a prise pour moi. Je suis tombée enceinte, plusieurs fois, malgré moi. À chaque fois, j'étais surprise, assez paniquée, un peu en colère aussi. Peut-être parce que l'idée que mon ventre prenne son indépendance, décide de lui-même ce que moi, je n'avais pas décidé, m'était désagréable. Certains diront qu'inconsciemment je devais vouloir ces enfants, aimer ces hommes pour leur donner l'occasion d'être pères. Je ne crois pas. Quand ça s'est produit, je n'étais jamais dans des dispositions amoureuses assez poussées pour avoir envie de faire des bébés. D'ailleurs, ça n'a jamais été le cas, je ne me suis jamais dit : « Avec lui, nous allons fonder une famille, il est le père de mes enfants. » Ou si peut-être, une fois ou deux. Je crois que j'ai toujours un peu de mal à envisager l'avenir, à croire au futur avec ceux que j'aime. Difficile dès lors de faire des projets. À part mon métier, tout me semble être une hypothèse. L'engagement – et un enfant, c'est aussi cela – me fait peur. Comme si c'était perdu d'avance, comme si ce n'était qu'une vue de l'esprit. Je n'accorde pas ma confiance, et de moins en moins, à la vie.

D'un coup, me découvrir enceinte, porteuse d'un avenir à plusieurs m'angoissait. Et puis, à chaque fois, le contexte rendait le projet d'un enfant déplacé. Comment se permettre d'arrêter une tournée, comment interrompre ma carrière ainsi, voilà les questions que je pouvais me poser. À dire vrai, cela me semblait impossible, comme une trahison au travail accompli jusque-là. Je ne pouvais me le représenter. Je ne m'imaginais pas dans le rôle de mère, à ces moments-là de ma vie. Peut-être aussi parce que mon idée, ma photo d'une mère, c'est la mienne et elle se consacrait à nous, elle ne voyageait pas, elle nous couvait. Et puis, pour moi, un enfant se fait à deux, avec un homme qui est la bonne personne, un homme qui peut être un bon père.

Alors, j'ai décidé, à chaque fois. Avant même d'avoir ou pas averti. J'étais convaincue. Ferme. Je n'ai jamais hésité. Je connais beaucoup de femmes qui ont subi des avortements, pour nombre d'entre elles, le doute faisait partie intégrante de leur douleur. Moi non. Pas une once de suspense sur la suite du scénario. J'ai choisi. Le passage par cette épreuve ne laisse pas indemne et la subir plusieurs fois ne la banalise pas.

Mais je ne me voyais pas mettre au monde un enfant. Je n'étais pas prête, ou trop occupée, ou pas convaincue d'avoir mis la main sur le bon père. Je ne me voyais pas maman ; peut-être parce que j'étais encore fille. Tellement de difficultés dans la vie réelle, en dehors de la scène, que je n'étais pas certaine de vouloir entraîner un autre être que moi dedans. Si je n'avais pas avorté, bien sûr, ma vie aurait été différente. J'aurais moins traversé la planète de part en part, j'aurais davantage cultivé mon jardin. Ma vie privée, je l'ai négligée, pis, je l'ai volée au profit de ma carrière. Je ne l'ai jamais regretté, ni hier ni aujourd'hui. Peut-être, direz-vous, il serait préférable de ne pas avoir à choisir. Ai-je vraiment choisi l'un aux dépens de l'autre ? Ou n'étais-je de toute façon pas prête à être maman ? Cette question vient encore souvent me réveiller la nuit.

*

J'ai décidé de faire une pause après la tournée *Sexe Fort*. Ma vie personnelle a trop pâti ces dernières années du rythme de ma carrière. Je n'ai rien cultivé de mon intimité. Les hommes sont entrés dans ma vie mais l'ont peu habitée. Entre les albums et la scène, difficile de trouver le temps pour aimer.

Il faut que je pose mes valises quelque part. Chez moi. Je tombe sur une maison de rêve, à Saint-Rémy-de-Provence. Elle est un peu grande, c'est vrai, mais je compte bien y inviter du monde, des amis, la famille, des amants…

J'ai presque quarante ans et je voudrais vivre plein de belles histoires. Des qui ne se finissent pas mal. Des qui ne font pas mal. Des qui me libèrent enfin de tous mes deuils inachevés. Je peux bien être une star en Russie, en Allemagne, en Corée… si ma vie, en dehors de la scène, n'existe pas, si elle n'émet aucune mélodie, alors quel est le sens de tout ça ?

C'est pour cela que je laisse un peu la scène de côté. Pour être moins à côté de moi. Je redoute la solitude. Je déteste les maisons inanimées, les silences prolongés. Mais à ma façon je les recherche. Éviter cela. Veiller à ne pas m'enfermer dans ma maison. Veiller à laisser entrer les gens et les sentiments.

Je suis hantée, je l'avoue, par le destin de Marlène Dietrich, plus que par celui de Sagan… Notre ressemblance, sans cesse soulignée au fil de ma carrière, s'est plus ou moins accentuée au gré de mes différents styles. Allemande, chanteuse précoce et reconnue, à la vie amoureuse mouvementée, Lily Marlène me colle à la peau depuis longtemps.

Il a même été question à une époque, en 1994, que je rentre dans la sienne. J'avais passé les essais et le réalisateur, l'Américain Stanley Donen, avait décidé de me confier le rôle. Lors de l'audition, je devais jouer trois séquences distinctes. La première était le moment où Marlène se présentait devant Joseph von Sternberg pour jouer *L'Ange bleu*. Je devais m'y montrer odieuse comme l'avait été en réalité la diva allemande. Dans la deuxième, j'étais dans la situation d'une Marlène mariée qui surprend son mari en train de bécoter une de ses anciennes maîtresses. Je devais alors sans m'énerver, le plus calmement possible, attraper la jeune femme et l'embrasser à pleine bouche. Pas évident. Mais je l'ai fait ! La dernière séquence, sans doute la plus évidente pour moi, était d'interpréter « Lili Marlène ». Le film, malheureusement, ne s'est jamais monté, car Stanley n'en a jamais trouvé le financement.

Je le regrette. Mais je sais que, parfois, il faut arrêter les comparaisons avant qu'elles ne vous arrêtent. Si j'ai des points communs avec Marlène Dietrich, je suis aussi très différente. J'ai une voix et une histoire, je sais ce que je suis, je ne sais pas à quoi je ressemble. Mais pas à elle au fond. Trop de côtés négatifs que je ne veux pas endosser. Un tempérament exécrable, une attitude froide et distante, un égoïsme forcené, un courage orgueilleux. Elle deviendra mon icône pourtant.

Au fil du temps, je me trouve belle, mais on ne me reconnaît pas. Pour les gens, je n'ai plus la même tête, la tête qui leur est familière. Cette rupture, également musicale, me fait perdre quelques fans, égarés dans mon changement de cap. Ma bouche n'a pas changé, je ne l'aime toujours pas, je la force toujours plus. J'essaie d'atténuer la galoche de mon menton, l'avancée de ma bouche. Je prends des poses devant les photographes qui me supplient de la détendre. Je la maquille moins. Ils s'accordent tous pour dire : « Elle est belle, Patricia, mais elle n'est plus pareille. » Ils voudraient se repérer, me retrouver à chaque album ni tout à fait une autre, ni tout à fait la même. Ce n'est pas à moi de changer, mais au décor autour de moi. En variant, il se reflète légèrement et modifie un vêtement, un accessoire, un détail capillaire. Toute la difficulté des artistes réside dans ce paradoxe, évoluer sans bouger, changer en se fixant.

Mes mutations d'image suivent les époques et mes errements. Je ne cherche pas particulièrement à être branchée, je suis lucide sur la valeur de la mode. J'ai appris de la bouche de Charles Aznavour, doué en conseils avisés, que « tant qu'on est pas à la mode, on ne peut jamais être démodé ». Cet ami qui s'y connaît en femmes, lui, prône la simplicité distinguée pour moi. Et moi, de mon côté, je dis n'avoir envie de ressembler à personne mais de m'inspirer de tout le monde.

Comme les comédiens, je passe mon temps à être une autre. Je ne regrette rien de mon passé. Sauf mon adolescence, ou plutôt mon absence d'adolescence. Les sorties avec les copines, les clopes, les bavardages apparemment vains mais, au fond, vitaux, les illusions partagées, les hésitations… Je ne les ai pas connues, j'étais sur scène. Comme si, n'ayant pas eu le loisir de tergiverser à l'adolescence, je le faisais maintenant… Mes copines, quand elles avaient quinze ans, changeaient de genre vestimentaire tout le temps : une minute elles étaient punk, celle d'après BCBG, celle d'encore après babas, plus girly ensuite, puis… Mon identité, je n'ai pas eu l'espace pour la chercher avant.

Peut-être aussi que ma fascination pour Madonna me pousse, inconsciemment, à l'imiter ! Chaque nouveau disque lui apporte l'occasion de rompre avec le style du précédent, le prétexte à se déguiser et à jouer un nouveau rôle. Ses clips sont les histoires de ces personnages qu'elle invente et interprète. Elle est une bête à mue rapide qui fait du cinéma autant qu'elle chante. Nous jouons des looks et parfois perdons. Aujourd'hui, c'est le cas de la Madone qui s'expose aux commentaires les plus vils. En fait, on lui reproche de ne pas lâcher la table de jeu. Je l'admire et la défends. Autrefois, il y a dix ans, j'ai pu la rencontrer…

Je suis invitée à une émission télé animée par Jean-Pierre Foucault. Madonna est à Paris pour la promotion de son album *Ray of Light* et, ce soir, je suis son invitée surprise car elle aime Piaf et dit partout que j'en suis la digne héritière. Elle est là devant moi maintenant. Elle a les cheveux très longs et très noirs, couleur corbeau, et elle est super maquillée. Je ne suis pas fan de ce look un peu gothique. On nous présente, elle me sourit et me fait la bise, au fait des mœurs françaises. Nous évoquons toutes les deux la possibilité d'un duo sulfureux sur « Je t'aime moi non plus ».

Après le show télé, nous quittons les studios. Elle, devant, dans une voiture. Un vrai cortège. Je suis impressionnée par l'escorte de la star américaine qui repart au Bourget où son jet privé l'attend... Pour avoir vu des processions de chefs d'État, je peux témoigner qu'elles ne sont pas aussi longues que la file de bagnoles noires de Madonna.

24.

Hommage et sensations

Nous sommes en 2008. Pour mon nouvel album, c'est d'une Québécoise, Terez Moncalm, que je me suis inspirée, mais ça ne fonctionne pas. Je rêvais d'un disque avec une ambiance un peu feutrée, sensuelle. Alors j'ai fait venir l'arrangeur qui a travaillé avec la chanteuse et nous avons enregistré quelques morceaux. Mais il faut se rendre à l'évidence, on l'a compris tout de suite, mon idée n'est pas la bonne. J'ai cherché à m'approprier une teinte qui ne peut pas m'aller, simplement parce qu'elle n'est pas la mienne. Nous arrêtons les frais et je révise mon envie.

Sur son incroyable scooter vintage, il débarque dans la cour de la Fabrique. Il freine brutalement pour se faire remarquer. Il est facétieux, Tanguy Dairaine. Son œil coquin le trahit et sa verve chaleureuse dit combien il est malin. Je l'ai rencontré pendant la tournée *Sexe fort* pour laquelle il était chargé de la production exécutive du DVD. Son sens artistique, sa plume et sa culture m'ont donné envie de l'appeler en renfort sur mon nouvel album. Il a donc rejoint le trio infernal que nous formions avec Richard et Cyril. Il a un œil et le sens de la négociation. Il apporte un regard nouveau sur mon travail et il est celui qui passe des *deals marketing* comme avec Lipton ou L'Étoile. Je vous explique : L'Étoile, la plus grande chaîne de distribution de cosmétique en Russie, cherchait une nouvelle campagne de publicité ; Tanguy avait eu vent de leurs tergiversations, il s'est débrouillé pour rencontrer les responsables et leur a proposé que je devienne leur image pour deux ans. Très vite nous avons conclu l'affaire. À ma plus grande fierté.

Aujourd'hui, je commence à enregistrer mon nouvel opus, *Kabaret*. Dans ce lieu incroyable, cet ancien moulin à cinq minutes de ma maison de Saint-Rémy, nous avons fait un studio. Ici se trouve une très précieuse collection de vinyles de musique classique, le fonds Armand Panigel qui a été sauvé par Pierre Bergé. Le studio dans le moulin est géré par Hervé Le Guil, ingénieur du son de formation.

L'acoustique dans la bibliothèque est excellente et me donne ce climat naturel, *live*, que je souhaite pour mon disque. C'est là que se déroule l'enregistrement. La couleur de cet album, je la souhaite Art déco, je le veux berlinois, parisien, argentin. J'ai songé à un long voyage d'un cabaret berlinois à une cave de jazz parisienne en passant par des salles de tango à Buenos Aires. Pour parvenir à cela, on a réquisitionné trois arrangeurs différents : Brifo de la Yellow, Fred Helbert et les Caravane Palace. Qui sont un groupe à cheval entre électro et jazz. Ce voyage que j'ai imaginé, nous le faisons aujourd'hui à la Fabrique.

Déjà intense... J'ai chanté quelques phrases à peine et je sens une émotion perceptible. Le texte, bien sûr... Ce sont des bouts de phrase jetés il y a longtemps sur un carnet. Des bouts de quelque chose sans prétention. Comme des tout petits souvenirs ou hommages. Tanguy m'a encouragée à écrire de façon plus personnelle, plus profonde, c'est ce texte que nous avons écrit ensemble que je chante aujourd'hui. « Une dernière fois » est sans doute une de mes chansons les plus émouvantes.

Il y a aussi une chanson dédiée à papa. C'est « Faites entrer les clowns ». C'est lui que je revois, avec son nez rouge, son visage ouvert et riant, ces yeux bleus limpides. Rigolo et un peu triste quand même, comme seuls les clowns savent l'être. Avec *Kabaret*, je suis amenée à remonter le temps. Je retrouve d'anciens complices comme François Bernheim, sans faire exprès. Parmi un éventail de chansons, j'en ai repéré une, sublime, « Le jour se lève », et me suis rendu compte que François Berhneim en était l'auteur. Incroyable coïncidence qui nous fait une fois de plus nous retrouver sur le même chemin. Et puis, je déniche un vieux et joli titre des années 1950 écrit par Hildegarde Knef, il deviendra « La chance jamais ne dure ». Kurt Weil n'est pas loin.

Comme *Kabaret* est mon album de retour et de rupture, il va sortir en exclusivité sur Internet. Une façon de s'affranchir davantage des maisons de disques et de s'ouvrir à un médium que je n'ai jamais utilisé jusqu'alors. Pour un artiste confirmé, oserais-je dire de mon âge, c'est un pari risqué mais l'époque est formidable et je sens qu'à travers Internet un nouveau monde s'ouvre à nous les artistes. Le site de ventes en ligne Ventes-privées.com sera ma vitrine, ses dirigeants ont tout de suite trouvé l'idée forte... Cette stratégie va se révéler être la bonne puisque le disque, soutenu également par un spectacle formidable que je viens d'achever, va s'écouler à huit cent mille exemplaires dans le monde.

Étrangement, c'est un des titres les plus surprenants de l'album qui va donner la direction du nouveau spectacle. « Addicte aux héroïnes », un hommage aux femmes des années 30. Je m'engage dans la préparation de la tournée *Kabaret* pour laquelle j'ai de grandes ambitions. Je rêve d'un spectacle total, avec de la danse contemporaine, de la projection vidéo et un zeste de littérature, d'un show élégant et intelligent à l'esthétique très léchée. Je veux un spectacle qui soit un voyage, qui circule à travers les styles et les pays à l'image de l'album. Qu'on rende un hommage aux femmes libres. J'ai conscience que la réalisation de mon fantasme risque de coûter cher, en efforts, en production, en risques.

Je m'investis entièrement dans la lourde préparation de la tournée. Tout est soigneusement réfléchi, minutieusement imaginé. Le spectacle, je le vois comme une féerie articulée en tableaux délicats. Pour nourrir ces univers que je cherche à recréer en son, en images et en danse, je suis aidée par Tanguy. Il m'apporte des photos, des extraits de films des années 1930, Pabst, Hitchkock, Lubitsch, des vidéos de chorégraphies contemporaines. Toute une documentation qui m'aide à la création du spectacle. Il cherche de son côté, moi du mien et nous mettons tout en commun et en discutons. Et pour m'aider à mettre mes idées en musique, j'ai demandé à Frédéric Helbert de me rejoindre à Saint-Rémy. Il s'installe dans l'atelier au fond du jardin, aménagé spécialement pour l'occasion et il s'est organisé un studio dans lequel il reste enfermé la plupart du temps. À plusieurs reprises dans la journée, je vais le déranger avec des directives qui n'en sont pas.

Je ne suis pas allée au conservatoire, je n'ai pas pris de cours de musique. Alors je lui expose mon état d'âme, je lui donne des exemples, je lui montre des visuels qui m'inspirent. C'est ce que j'apprécie chez Fred, il se passe de mots pour communiquer. Il me capte assez finement pour discerner mon intention dans le discours ésotérique que je lui tiens. Quand il me fait écouter ses arrangements, je suis forcée d'entendre qu'il m'a parfaitement saisie. Peu à peu, par allers-retours cabane-maison, maison-cabane, nous créons le spectacle.

Pour les classiques de mon répertoire, nous parvenons à de nouvelles formes, plus acoustiques ou plus électro, qui les font s'approcher au plus près de leur essence, de leur son profond. Comme s'il avait fallu toutes ces années pour mûrir un chemin idéal, l'écrin dans lesquelles les chanter. Tout ce temps pour qu'elles se coulent dans le costume sonore le plus approprié. « Entrer dans la lumière » et « Je voudrais la connaître » sont plus que jamais personnelles. Les voies que nous empruntons pour elles avec Fred restent osées. *Kabaret* se construit avec des partis pris, sur des choix radicaux. Déjà, pour la première fois, j'ai décidé d'être seule aux commandes. J'ai annoncé au départ à Cyril et Richard que je voulais maîtriser mon spectacle, tout comme l'album, sans qu'ils interviennent jamais sur la direction artistique comme ils le faisaient d'habitude. J'ai ensuite opté pour un spectacle où la musique serait le chef d'orchestre des autres arts en scène. La vidéo, la danse contemporaine comme la littérature viennent se mêler au son des chansons.

La danse contemporaine en particulier, dans *Kabaret*, relève d'un choix de mise en scène et d'un désir de créer une richesse de sens et de sensations. À Régis Obadia que j'avais croisé à Moscou avec Tanguy et qui est un chorégraphe reconnu, nous avons demandé d'inventer les chorégraphies. C'est lui qui nous a recommandé l'excellente danseuse Stéphanie Pignon. Ils sont des pointures dans le domaine de la danse contemporaine, ils m'ont aidée à combler mon besoin d'exigence. Je travaille avec acharnement pour être capable de danser mon spectacle. J'apprends, j'ai des cours. Des heures et des heures de cours. J'ai toujours apprécié de muscler mon corps, de le sculpter. Je pousse toujours mon endurance. Au bout d'un moment, mes muscles me font mal, ils tirent dans mes mollets et mes cuisses, je ne sens plus mes pieds et ma nuque, douloureuse, menace de se coincer. J'adore danser. Et je perfectionne aussi mon aptitude à gérer sans problème le chant et la danse. Il faut être certaine de ne pas perdre son souffle, de ne pas ralentir. J'apprends autant la technique, la résistance, que les chorégraphies elles-mêmes. Preuve de mon obsession de la danse : j'en profite pour danser avec les filles du Crazy Horse pour l'émission de télé ELA, dont Zinedine Zidane est le parrain...

Nous sommes nombreux au générique du spectacle *Kabaret*. Outre la danse, la musique et la vidéo, il y a les costumes créés par Alber Elbaz de la maison Lanvin et les décors faits par Christophe Martin qui est le scénographe de Bob Wilson. Je suis fière de ce spectacle, il est beau. Et puis, je sens pour la première fois une vraie modernité, une connexion multiple avec l'époque Mes références aux années 1930 prennent, par temps de crise, tout leur sens. L'Histoire balbutie et les ambiances se reproduisent. La proximité entre les deux époques est grande. Et je ne suis pas dupe. J'ai conscience que le prix d'une place se paye, aux dépens d'autre chose quand le temps n'est pas à la fête. Je suis d'autant plus contente de proposer à ceux qui m'offrent cette preuve d'amour un spectacle riche, transversal, travaillé, sophistiqué.

*

Comme on peut le faire avec un cobaye, Cyril et Richard testent ma résistance. Ils ont contracté au fil des ans de bien mauvaises habitudes en matière de tournée. Ils ont constaté que je résiste, que les concerts peuvent s'enchaîner sans entamer mon énergie, que je tiens debout quel que soit le climat. Dans un premier temps, ils ont pensé que j'étais surhumaine. Dans un deuxième temps, par habitude, ils ont pris le surhumain pour du normal. Maintenant, ils ne se rendent plus très bien compte. Et moi non plus, d'ailleurs. Je devrais apprendre à économiser. Tant que je ne suis pas allongée, au bord de la mort, c'est que je peux le faire. Cette foi en ma super résistance me flatte et me fatigue. Ils sont là avec moi, ils les voient les efforts sous les spectacles, les échafaudages de mes scènes. Ils peuvent les calculer les kilomètres de route, de mains, de voix qu'il me faut parcourir.

La tournée *Kabaret* me demande autant que la première de ma carrière. J'avais alors atteint le summum de l'épuisement. Elle est harassante. Physiquement, je suis amenée à dépenser beaucoup dans ce spectacle. À tous les niveaux. La danse rajoute des couches de fatigue à celles d'une tournée ordinaire et quand je sors de scène, je suis totalement épuisée. Avec *Kabaret*, le curseur de surcharge vire au rouge. Et maintenant, je suis moins jeune ; plus casanière aussi. Mais, à la différence de la tournée *Mademoiselle chante*, je ne fuis pas, je voyage intensément. Maintenant, le vide, je l'affronte. À l'époque, je m'étais appuyée dessus pour prendre de la vitesse. Et mieux retomber après dans les affres de la douleur. Je me suis tuée au travail, écrasée de fatigue pour ne plus rien sentir, je me suis cassée en mille morceaux, éparpillée sur scène aux quatre coins de la terre pour éliminer la douleur sans jamais l'éjecter.

Avec *Kabaret*, je vais seulement au bout de mon investissement. Je place toutes mes forces et mon énergie. Les concerts coûtent chers, la production étant très lourde avec un chorégraphe, une danseuse, des musiciens, et je commence la tournée sans avoir quel sera le résultat financier. Mais j'ai choisi de me faire plaisir, de créer le spectacle parfait, d'offrir l'illusion d'un moment.

Je cours le monde, de la Moldavie à la Grèce en passant par la Bulgarie, Carthage et Israël, pour finir par me poser au Casino de Paris. En tout, cent cinquante concerts. Trop de tout. Et grâce à mon contrat publicitaire avec L'Étoile en Russie, j'ai pu, également, pour la première fois de la part d'un artiste international, parcourir la Russie du Nord au Sud, de Saint-Pétersbourg à Vladivostok, en tout plus de trente concerts !

25.

S'il fallait le faire

Mon métier me fait voyager dans des contrées étonnantes, parfois pour des concerts privés. L'exercice est différent, le public souvent plus réduit qu'à un concert public, ce qui m'autorise à en être plus proche... Je me rends cette fois en Azerbaïdjan, dans le Caucase. Là où on trouve l'or noir et le caviar, à Bakou, ville perchée sur une montagne et surnommée par certains « la jolie Monaco ». Le pays, surréaliste, est peuplé de pipelines et de nantis dissimulés dans des voitures aux vitres teintées.

Je ne suis pas la seule Française présente. Je n'ai pas l'habitude de croiser des compatriotes dans ce genre de soirées à l'étranger. Il est de bon ton aujourd'hui d'inviter quelques talents français réputés, dans des domaines divers si possible. Ce soir, on me présente Yannick Alléno, le chef étoilé de la gastronomie française. Bel homme, grand, brun, élégant, comme j'aime. Et comme je vais aimer.

Le temps, pour s'aimer, il se prend pour se donner. Sinon, il fait la loi et empêche les amants de s'aimer toujours. Je ne profite pas du cadeau que la vie me fait. Le moment est mal choisi. Mais j'ai besoin de son amour, de son équilibre, d'avoir un homme avec moi. Il est rassurant, terrien, ancré dans du solide, je suis aérienne, déconnectée, souvent, du réel. Car en tournée, trop. Je devrais consacrer à notre amour l'intérêt qu'il mérite, malheureusement je fuis dans mon boulot. *Kabaret* m'absorbe, totalement. Peut-être aussi que cet amoureux-là est trop bien pour moi.

Les médias se sont jetés sur notre relation, tout contents d'avoir un couple supplémentaire de célébrités à photographier et à légender. Pas une interview ne se passe sans qu'on se rue sur le sujet. Lassée et embarrassée par ces questions précoces, j'émets les mauvaises réponses. De celles qui blessent, qui suscitent l'incompréhension. J'ai du mal avec les sentiments, encore plus de mal à les exprimer. Alors publiquement, je ne peux qu'être maladroite. J'ai tendance à modérer, à relativiser. Je suis prudente, je n'ose pas m'emporter, pas tout de suite. Comme c'est un garçon intelligent et psychologue, il explique mes réponses, les justifie à la lumière de ce qu'il a compris de moi. Et puis, finalement, nous nous séparons, décalés par les sentiments et par le temps.

M'engager me fait peur, dire « je t'aime » m'effraie. J'aime le public d'un autre amour, à la fois concret et abstrait. Il n'y a que lui pour me faire sentir belle, intéressante, vivante. Il n'y a que lui pour me promettre des instants d'éternité. Ses caresses et ses baisers me submergent comme aucun homme. C'est lui la plus grande et la plus belle des jouissances. C'est de lui que j'attends la reconnaissance.

*

Le stade n'a pas bougé, un peu mieux entretenu peut-être. Les temps, eux, ont changé. Une génération de « nouveaux Russes » s'exhibe à Moscou dans des voitures chères, avec des femmes en manteaux de fourrure à leurs côtés. Il n'y a presque plus de marché noir puisqu'il est devenu officiel, la population mange plus qu'avant et elle a décidé de consommer. Depuis qu'ils entrent et sortent de leur pays, les Russes jouissent de tout ce à quoi ils n'avaient pas accès avant. L'atmosphère soviétique, frigide, s'est dissipée et une nouvelle ère, en couleurs, est ouverte.

Ma première fois, c'était ici, à l'Olympisky. J'avais un peu plus de vingt ans et je n'avais pas peur. Aujourd'hui, je suis paralysée par le trac. Je sens des fourmis dans tout mon corps, mes jambes me portent à peine. Horrible sensation que je n'ai presque pas subie en vingt ans de carrière. J'en ai affronté, des publics, et des bien plus terrifiants par le nombre... J'ai l'expérience maintenant avec moi. À croire que parfois elle peut n'être d'aucun secours.. Aujourd'hui, je suis comme n'importe quel artiste avant d'entrer en scène : une terreur incontrôlable m'assaille.

Ce soir, je défends la France à l'Eurovision. L'enjeu est de taille et j'en ai conscience, c'est ça, le problème. De là vient ma peur panique. Pas évident. Risqué aussi. J'ai longuement mûri ma décision. Aidé en cela par mes trois mousquetaires. J'avais d'abord dit non, leurs explications, leurs déterminations m'ont fait changer d'avis. Finalement, j'ai voulu me prouver que j'étais courageuse, que j'étais capable d'y aller. Quand l'information a été diffusée que j'allais être la candidate pour la France, j'ai entendu toutes sortes de commentaires. Certains notaient mon courage, d'autres se moquaient de ma participation à un événement considéré dans l'Hexagone comme ringard. De la méchanceté gratuite, comme toujours.

Je suis hypersensible et j'ai l'expérience des mots derrière mon dos. Quand j'étais petite, à Stiring-Wendel, je n'avais pas que des copines. Dès que j'ai commencé à me produire sur scène, mon nom figurant sur des affiches, des filles de l'école, des voisines se sont mises à médire. J'évitais pourtant de la ramener. Pour moi, je n'étais pas mieux qu'elles, pas plus jolie, pas plus douée. Je vivais dans les mêmes lotissements modestes des familles de mineurs, fréquentais la même école, rêvais des mêmes robes à volants. Entre nous, il n'y avait pas beaucoup de différences. J'étais peut-être plus acharnée, plus passionnée.

Le contexte, l'ambiance, mon envie de gagner... Je ne crains pas les autres à l'Eurovision, qu'ils soient meilleurs que moi. Nous allons être comparés sur des chansons différentes dans des langues différentes. Je redoute de ne pas être à la hauteur. Je vais interpréter « Et s'il fallait le faire » qui est un titre lent. En troisième position, ce qui est trop tôt dans le programme. À l'applaudimètre, la candidate qui me précède récolte la note maximale. C'est mon tour.

J'ai à peine posé une jambe flageolante sur l'estrade que les applaudissements reprennent. D'abord discrets et puis immenses. Le public russe me soutient alors qu'aujourd'hui je suis une « ennemie », je suis la candidate française. Cette réaction me sauve. L'élan que je sens remplace mes jambes, me donne des ailes. Je chante. Du mieux que je peux, avec tout mon cœur.

Mais j'arrive huitième sur quarante-quatre. Je voulais gagner. Ce n'est pas le mépris de perdre, c'est la gêne d'arriver derrière alors qu'on avait promis d'être devant pour planter le drapeau. À l'annonce des résultats, je suis malheureuse. Le lendemain matin, le grand quotidien russe *Izvetzia* titrera : « On a volé la reine Kaas. » Mais ça ne m'a pas consolée. Je ne digère pas la défaite, je voudrais l'annuler, retourner sur scène, recommencer. En rentrant à Paris, le dimanche qui suit, je n'ai pas honte de moi, mais d'être revenue sans médaille. Je me vois comme ça et finis par imaginer que les autres pensent la même chose, qu'ils me jugent et me condamnent. Je promène Tequila et m'offre même une bonne crise de paranoïa. Des gens rient, je pense qu'« ils se moquent ». D'autres me regardent : « Ils m'en veulent. » Je marche en baissant la tête et n'ose plus la relever aux « Bonjour » qui partent des balcons sur mon passage. Certains devinent mon angoisse et agrémentent leur salut d'un « C'était super ! » ou d'un « Vous savez, ce n'est pas grave... » ou d'un « Bravo pour l'Eurovision ! »

Ce qui est joli dans la popularité, c'est cela, avoir un allié au hasard, quelque part dans la rue, prêt à vous réconforter ou vous encourager. Dans les jours consécutifs à l'Eurovision, je remarque que la fierté se mélange à la gêne, chez les gens. J'ai eu le culot d'y participer et mon audace a suscité chez certains du respect. En France, l'Eurovision n'a pas le poids et l'intérêt que l'événement a dans d'autres pays. Bien que cette fois-ci, l'audimat ait été particulièrement bon avec plus de six millions de téléspectateurs. Soit 32 pour cent de part de marché. Pour la première de son histoire, France 3 a battu TF1 un samedi soir ! Je ne regrette pas d'avoir participé.

Ce sentiment mélangé résume l'attitude des Français à mon égard. Pour une part trop importante d'entre eux, j'appartiens à la classe populaire et j'y suis comme consignée. Ils oublient que le bon goût peut plaire à une majorité, que le plus grand nombre n'a pas toujours tort. Il y a des radios sur lesquelles je mérite de passer en France, mais on préfère me ranger sur les ondes nostalgiques. Même quand il s'agit de mon album *Kabaret* dont la modernité me semble évidente. Difficile dans l'Hexagone de sortir d'une catégorie dans laquelle on vous a rangé. Au moment de mon spectacle *Kabaret*, je me suis à la fois étonnée d'avoir été invitée dans des médias dits « branchés », et, en même temps, surprise d'avoir été ignorée des magazines de mode. Le côté pointu du croisement des disciplines comme la vidéo ou la danse contemporaine n'a pas échappé à ceux qui ont vu le spectacle. Pour les autres...

Être tenue à distance par une forme de snobisme me dérange parfois. Je voudrais le mettre en doute. Peut-être parce que j'ai eu beaucoup de succès, vendu beaucoup de disques, gagné le cœur de quelques pays, peut-être parce que je n'ai plus rien à prouver, je cherche d'autres terrains de combat. Je me pose des défis de plus en plus importants.

Ceux qui m'échappent, je voudrais les rattraper. J'ai du mal avec l'indifférence, avec l'absence et l'abandon.

*

J'ai perdu mes deux parents et j'ai l'impression de ne pas savoir garder mes frères et sœur près de moi. Malgré mes efforts, malgré leur affection que je sais réelle, nous nous voyons peu et nous ne parlons pas assez. Ils me manquent comme seule la famille peut manquer. La familiarité, les silences autorisés, les complicités, les sourires entendus, les réflexes d'agacement, les différences en commun, toutes choses qui sont les liens concrets, ceux qui donnent chaud, qui offrent le confort, qui sont l'amour, je crois.

Dans ces moments-là, je regrette surtout ma sœur. Trop prise, elle par ses proches, moi par mon métier, notre lien s'est distendue. Nos conversations sont longues, mais elles sont rares. Sa présence féminine, même lointaine, peut-être aussi parce que mon métier m'entoure d'hommes en permanence, m'est précieuse. Je me réjouis quand je l'entends au bout du fil. Je lui dis mes angoisses, mes projets, elle me raconte les petites difficultés quotidiennes rencontrées avec ses enfants devenus adolescents. Ma nièce, notamment, a tendance à prendre de force son indépendance. Quand Carine évoque le sujet, je tente de la pousser à donner à sa fille l'autonomie que moi je n'ai pas eue.

Comme si c'était ma fille, je pousse à son émancipation. En fait, c'est moi qui ne me suis jamais décollée de ma mère, c'est moi qui ai tout fait pour rester une gamine. Plus je devenais grande, plus ma carrière s'émancipait, plus je me recroquevillais dans son amour et ensuite dans le chagrin de sa perte. Toutes les peurs que j'ai pu avoir, je voudrais que ma nièce ne les ait pas. Je suis fière d'elle. Elle a déjà évité un piège : elle a eu son bac.

Je serais si heureuse de pouvoir lui transmettre un peu de moi. Avoir l'impression, au moins, que ce que j'ai compris en souffrant, les enseignements que j'ai pu tirer de la vie ne soient pas perdus pour tout le monde. J'essaie de passer à ma nièce une certaine confiance. Je tente de lui montrer comment profiter des choses sans se laisser arrêter par ses complexes. J'apprécie ce lien avec mes neveux. Même si on ne se voit pas plus que ça. J'aurais sans doute aimé plus les voir grandir, observer leurs goûts, leurs attentes et leurs peurs.

Aujourd'hui, je me demande pourquoi ma vie a coulé sans que je devienne mère. Je suis issue d'une famille de sept enfants et j'ai adoré la joie du foyer comme ça, avec plein de désordre, d'éclats de voix, de rires et de pleurs. J'ai tant aimé les Noëls, les bals du village où tous les gosses jouaient ensemble. Mais je ne l'ai pas reproduit. Le schéma de la famille nombreuse, je l'ai cassé. Toutes les occasions d'être mère qui se sont présentées naturellement, je les ai rejetées. Je dois admettre que j'ai privilégié ma carrière, je n'ai pas fondé de famille.

26.

Des mots trop tôt

J'en suis sûre maintenant : je ne peux plus. Je viens juste de l'apprendre. La quarantaine à peine dépassée, c'est fini. Bien trop tôt à mon goût. Le verdict est tombé, les analyses sont devenues trop claires. Au début, ce n'était qu'une hypothèse, ce phénomène se produit plus tard, d'ordinaire, à la cinquantaine. J'évitais de prendre trop au sérieux l'éventualité, parce que triste, injuste, sombre. Et puis, il a fallu vérifier, confirmer dans un sens ou dans l'autre. Il a fallu entendre le médecin condamner mon ventre, me dire que c'est fini, que c'est trop tard. Il a des mots simples, il m'explique tout cela calmement. Jamais il ne dira le mot. Je ne l'aurais pas entendu de toute façon. Pas envie. Je ne comprends pas. Je n'intègre pas cette nouvelle. Je viens de réaliser un tour de force avec *Kabaret*, artistique et physique, et on me déclare physiologiquement périmée ? J'ai beau me répéter que je reste une femme, il faut que je me mette ça dans la tête, je ne pourrai pas porter d'enfant. Je ressens un malaise immense, insondable.

Quelle femme est-on sans enfant ? Je suis rongée de questions. J'ai mené ma carrière comme une barque qui ne prendrait jamais le temps de s'arrêter sur la berge. Je l'ai eu le choix, plusieurs fois j'ai préféré avorter. Pourtant, aujourd'hui encore, je ne regrette pas. Je ne sais pas regretter, je trouve ça absurde, malvenu. On fait ce que l'on peut au moment voulu. On n'est pas toujours en phase avec sa vie.

Je n'accepte pas ce « plus », ce rideau baissé sur le rayon maternité devant mon nez, brutalement. Je vais mieux, je suis moins blessée, moins traumatisée par le passé, presque prête à aimer, à enfanter. Mais le sort se moque, se rit. Moi, je ne dors plus. Je suis obsédée. Les femmes font des enfants, pas moi. Ce qui ne veut pas dire que je n'en aurai jamais. Ça, je refuse de l'admettre. Je suis trop jeune pour qu'on m'ôte cet espoir-là au moment où je me sens peut-être prête pour quelque chose de constructif dans ma vie sentimentale. Je me sens femme, bien dans ma peau, enfin, plus confiante. Je suis sûre aujourd'hui de ce que j'ai accompli, de mon courage, de ma valeur, je me sens pleine d'avenir parce que pleine de force. Mais on me décourage, on me projette le vide. J'ai le sentiment d'être punie. Il y a des plaisirs de femme que j'aurais voulu goûter, je n'y goûterais pas. C'est tout. Ce n'est pas si grave, juste un peu triste. Je vois bien l'air heureux des jeunes mamans, leur fierté, leur épanouissement, je note parfaitement le regard des papas, attendris pour toujours, leur sourire satisfait. Forcément, je remarque ces ventres ronds qui se promènent dans la rue. Je vais m'entraîner à ne pas les voir, en tout cas dans un premier temps. Elles me montrent tout ce qu'on vient de m'ôter.

Je ne connaîtrai jamais le bien-être de la femme enceinte. Je ne sentirai pas les petits coups donnés de l'intérieur de moi. Je ne vivrai jamais un accouchement. Je n'entendrai jamais le premier cri de mon bébé. D'accord. Mais quoi ! Si je rencontre l'homme de ma vie, si nous avons envie ensemble d'un enfant, nous l'adopterons. Il y a tant d'enfants à secourir sur terre ! Et vous savez quoi ? Je vivrai alors ce que toutes les mères vivent. J'aurai dans mon sac de l'arnica, des doudous et des photos de lui. Je raconterai les histoires pour l'endormir, j'allumerai la veilleuse. Nous regarderons des dessins animés blottis sur le canapé du salon, je viendrai le chercher quand l'école appellera pour me prévenir qu'il a de la fièvre. Pour la fête des mères, il m'offrira des colliers de nouilles. Son papa et moi, on l'emmènera skier, nager. On sera crevés mais heureux. Oui, c'est ça, crevés mais heureux !

*

J'aborde la dernière ligne droite de mes souvenirs. Je ne veux pas vous quitter sur un goût d'inachevé. Je suis chez moi, à Paris, dans cet appartement que j'aime tant. J'y ai mis tant de moi-même. Les travaux furent pharaoniques, à mon échelle, bien sûr. J'ai voulu un nid à mon image et je m'y suis investie à cent dix pour cent. À cœur perdu : je me suis découvert une nouvelle passion, la décoration d'intérieur. Aux murs, de grandes photos contemporaines côtoient de lourds objets baroques. Parfois, une touche de rouge, pas une couleur de plus. J'aime les atmosphères taupes et puces, la patine argentée et la chaux cirée. Bien sûr, le noir est ici chez lui. Dans de grands cadres laqués, un lourd lustre d'argent incrusté de cristal. Lui, je l'ai voulu sous la cage d'escalier. On a crié au fou, je m'en moque, c'est très beau. J'ai aussi par exemple une lampe qui est une calandre de Maserati et mon bureau est une aile d'avion d'aluminium vissé. Quelques souvenirs aussi. Le tout éclairé par des bougies et des lumières douces. Le lieu m'a inspiré les images que nous avons tournées pour *Kabaret*.

Quelle année encore ! J'ai achevé ma tournée *Kabaret*, un être cher nous a quittés. Frau Dobmeyer, Inge, elle qui n'avait pas d'enfants, m'appelait « Mein Kind », mon enfant. C'était l'époque de la *Rumpelkammer*, j'étais la danseuse des Dob's Lady Killers… C'était son mari, Wacki, qui avait donné son nom au groupe. Ils m'ont beaucoup donné, de l'amour, du réconfort souvent. Ils étaient inséparables. Je suis allée lui faire mes adieux, le cœur serré, le vieil homme m'a pris dans ses bras. Nous n'avons pas pu dire grand-chose.

Que pourrait-il m'arriver maintenant ? Et si je rencontrais le prince charmant ? Et si je vivais une belle histoire, une de celles que se racontent les jeunes filles entre elles... Il était une fois un jeune homme qui, pour fêter son anniversaire, souhaitait m'inviter. Il désirait plus que tout que je vienne chanter pour lui. Là-bas dans son beau pays.

À peine avons-nous atterri que l'organisateur de la grande soirée nous invite à dîner dans un restaurant privé sis sur un lac majestueux à quelques kilomètres de la capitale. Un homme jeune se tient sur le pas de la porte, une brassée de fleurs blanches dans les bras. Il me les offre.

Contre toute attente, le dîner est parfait. Notre hôte parle français couramment, allemand aussi, anglais bien sûr. Il sait beaucoup de choses sur moi, il me dévore des yeux. Moi, je remarque surtout sa jeune et très jolie femme à ses côtés. Elle semble un peu ailleurs, comme gênée d'être là. La conversation passe d'un sujet à un autre, c'est joyeux, charmant.

Dès le lendemain pour les répétitions de la soirée, il est omniprésent, il s'occupe de tout. Le gentleman millionnaire est devenu simple garçon de courses, il prend plaisir à aller chercher un café à l'un, une prise multiple à un autre, et bien entendu, il veille à ce que je ne manque de rien.

Le soir tombe, tous les invités sont là, sur l'immense pelouse aménagée comme un grand restaurant, tables aux nappes blanches, éclairages subtils, tout ici respire le bon goût, celui que peut donner l'argent.

À peine ai-je commencé à chanter qu'il se met à pleuvoir, les invités sont protégés par une belle tente, pas moi. Lui non plus. Il a pris sa femme par la main et se plante devant moi sous le ciel noir. Je suis trempée, soit il le sera aussi ! Je trouve ça délicieux. Touchant.

Je quitte bientôt la scène, il est encore là en coulisse, son smoking est trempé, il rit. Il fait si jeune lorsqu'il rit ! Bien sûr, il invite toute la troupe à rejoindre ses invités. Cigares, vins capiteux, il nous gâte. Mes gars sont aux anges.

Moi aussi. J'avoue.

Nous prenons l'avion le lendemain matin, une voiture viendra nous prendre à notre hôtel. D'un baisemain, il me souhaite bonne nuit.

C'est sa voiture qui vient me chercher au matin. Un bolide rouge vif. Il n'y a de place que pour lui et moi... Le trajet à grande vitesse sera l'occasion d'une véritable déclaration d'amour. Nous échangeons nos numéros de téléphone comme deux gamins. Il a l'air si triste à la porte de l'avion...

Quelques jours passent. Il fait un temps de rêve en ce début juillet. Nos SMS sont de plus en plus fréquents. De plus en plus éloquents aussi. Je m'efforce de ne pas oublier qu'il est marié, qu'il a deux petites filles adorables...

Il a fait poser son jet privé sur la piste de l'aérodrome. L'avion est à ma disposition. Il restera là tant que je ne monterai pas à bord. Trois fois par jour, je reçois des bouquets extravagants, le premier pour me dire bonjour, le second pour m'accompagner dans ma journée, le dernier pour que ma nuit soit douce. Ses petits mots me font sourire. Il a dix mille idées à la seconde. Et puis ce qui doit arriver arrive : « Je suis là. »

Oui, il est là. Il a roulé toute la nuit avec un nouveau bolide (il veut m'offrir le même, bien sûr !) et le voilà. Nous dînons ensemble, il est drôle, enjôleur, espiègle presque. Oui, je tombe dans ses bras ce soir-là. Pour un peu, je serais presque amoureuse. Presque.

Mon amant devient mon quotidien, il est aux petits soins avec moi. Je ne vois que ces longs cils, sa peau mate et son sourire craquant. Il fait bien l'amour, il a toujours mille choses à me raconter. Nous ne nous quittons plus.

C'est l'été, la saison des amours. Il repart travailler un peu dans son pays mais ça ne calme pas nos désirs, je suis tout à lui. Enfin pas tout à fait car je dois chanter lors d'une soirée privée. Mon amant voudrait que je ne chante plus que pour lui. Je reste bouche bée. Je crois qu'il plaisante. Pas du tout. Il ne veut pas que d'autres hommes puissent me voir, puissent me désirer. Et si je tombais amoureuse de l'un d'eux ?

Son yacht est amarré au port, il m'invite à prendre un verre au large. Le champagne coule à flot. Je suis sous le charme. Je rêve. Il me parle de futur. Il parle de nous. Nous qui allons vivre sur une île. Je le crois sur parole, c'est un homme d'affaire calme et réfléchi, il a fait fortune sur des concepts brillants et novateurs, ce n'est plus un gamin. Il sait ce qu'il fait. Il me dit que je suis la femme de sa vie. Il en est sûr.

Les jours passent, les semaines aussi. Je suis toujours la maîtresse d'un homme marié. Nos voyages clandestins vont de Londres à Monaco, Saint-Tropez nous accueille à bras ouverts. Mais moi, je commence à ne plus trouver ça drôle. L'amère impression de n'être qu'un trophée commence à s'insinuer en moi. Je suis célèbre, il est riche. Onassis et sa Callas version 2010. À la différence près que moi, je ne veux pas sacrifier ma carrière à un homme ; à ce détail près que moi, je ne tiens pas à n'être qu'un objet de plus à la collection.

Mon amour a des limites.

Avec l'automne qui arrive, voici la fin de mon histoire d'amour. Je me suis fait avoir. Il reste avec sa femme. Il n'écrit plus. Il n'appelle plus. Quelle conne j'ai été ! Et puis non ! Non ! On a le droit de vivre, de rêver, de se tromper. Je suis déçue mais j'aurais vécu un drôle de tourbillon

Les contes de fée n'existent pas, les princes charmants non plus. Cette histoire était trop belle pour être vraie…

La vie m'entraîne vers de nouveaux horizons : le Kazakhstan ! Son président Noursoultan Nazarbaiev m'invite à participer au dîner donné en son honneur à l'hôtel d'Évreux, place Vendôme. J'aime les Kazakhs, ils m'ont fait princesse honoraire d'Almata en 1992. Je suis assise à côté d'un membre du ministère des Affaires étrangères qui me raconte qu'un jour de 1990, alors qu'il était encore jeune soldat soviétique, il avait fait le mur de sa caserne pour m'entendre chanter. Mon voisin de gauche, qui se trouve être le traducteur officiel de la délégation kazakh, m'avoue lui que c'est en écoutant mes chansons qu'il eut envie d'apprendre le français, et j'ai la faiblesse d'être flatté. Tanguy, en face de moi, n'en croit pas ses oreilles. Lui, il est sur un nuage car il adore ces trucs officiels, mon Tanguy !

Post-scriptum

Cette année 2010 aura été bien longue mais si riche, si constructive que finalement j'arrive en 2011 avec le plus fort des projets. Après en avoir beaucoup parlé avec mes complices, je me sens prête pour un défi énorme, un challenge à la mesure du répertoire auquel je veux me frotter. C'est bientôt les cinquante ans de la disparition d'Édith Piaf, alors c'est décidé : Kaas chante Piaf.

Épilogue

Je peux vous le dire maintenant...

J'avais très peur de faire ce livre. Parce qu'un texte, ce n'est pas comme une scène. Il n'y a plus les lumières, on met tout noir sur blanc. On essaie de se rappeler au fil des mots la partition de notre vie. Ce n'est pas évident, on est tout seul sur la scène de ses souvenirs qui se dérobent. Il faut sortir des coulisses de l'oubli, dépasser son trac, affronter le noir dans la salle.

Mais la mémoire, c'est comme l'appétit qui vient en mangeant, ça vient en se souvenant. À peine ai-je appuyé sur « on » que la bande s'est mise à tourner et que ma crainte s'est volatilisée dans les mots dits.

D'une traite, j'ai revécu ma vie de femme

Finalement, j'ai tout dit, j'ai fait comme ça une thérapie. Mais je n'ai guéri de rien. On ne soigne pas avec la musique. Pas plus qu'avec un récit. Mais peut-être qu'avec le temps. Quand bien même ce récit serait sincère. Je me suis rappelé ce qu'il ne fallait pas que j'oublie, j'ai compris ce qui m'assombrissait, ce qui me retenait d'être en vie, complètement, maintenant. Ma vérité s'est dessinée, malgré moi, parfois contre moi. On est toujours son pire ennemi quand on avance dans le noir. Mes mots n'ont rien voilé, ils ont attrapé mes rêves, mes doutes, mes douleurs.

J'ai vu, en la peignant, mon inaptitude au bonheur. Je suis restée aveugle à la lumière et froide aux sources chaudes.

Je me suis regardée lointaine, distante, retenue. Forte et courageuse. Mais touchante aussi parce que touchée.

Par vous. Par votre amour, par votre respect, par votre désir ou votre besoin. Par votre regard qui m'a déterminée, qui m'a inventée. Je suis belle quand vous êtes là.

Belle pour les hommes qui m'ont aimée.

Un fantasme aussi pour certains.

Je mérite maintenant un peu de bonheur, de sérénité. Je ne le vole pas, je le demande humblement. À moi-même.

Mon histoire est folle parce qu'elle suit une trajectoire peu ordinaire. Je viens de loin, je suis allée loin. De ce parcours, je me nourris, je m'enrichis

C'était mon histoire, je peux désormais la reprendre.

Épilogue

De mon annulaire, lentement, je fais glisser l'alliance de maman, que je porte religieusement depuis sa mort.

Aujourd'hui, je mets fin au cercle de mon deuil, à l'ombre de ma voix. Je l'éclaircis.

Distinctions

1988 : Victoire de la musique de la révélation de l'année/France

1988 : Oscar de la chanson pour « D'Allemagne »/France

1988 : Oscar de la Sacem pour « D'Allemagne »/France

1988 : Trophée RFI pour « Mon mec à moi »/France

1989 : Victoire de la musique pour la meilleure vente d'albums à l'étranger/France

1989 : Prix de l'Académie Charles-Cros pour l'album « Mademoiselle chante... »/France

1989 : Diamond Award pour « Mon mec à moi »/Belgique

1990 : Goldene Europa de la chanteuse de l'année/Allemagne

1990 : Médaille de la ville de Saarbrücken/Allemagne

1991 : Victoires de la musique de l'interprète féminine de l'année/France

1991 : Victoire de la musique pour la meilleure vente d'albums à l'export/France

1991 : World Music Award de l'artiste française de l'année/Monaco

1991 : Bambi de l'artiste de l'année/Allemagne

1991 : Trophée au Gala de l'Adisq pour l'artiste francophone de l'année/Québec

1992 : Victoire de la musique pour la meilleure vente d'albums à l'étranger/France

1994 : Médaille de la Ville de Paris/France

1994 : Dauphin de cristal de l'année – radio Contact/Turquie

1994 : Artiste de l'année à Music Oscar IFM/Turquie

1995 : Victoire de la musique pour la meilleure vente d'albums à l'étranger/France

1995 : Femme en or/France

1995 : World Music Award de l'artiste française de l'année/Monaco

1996 : IFPI European Platinium Award/Europe

1998 : Prix de la chanteuse internationale de l'année/Turquie

2000 : Prix « De Gaulle-Adenauer »/Allemagne

2002 : Goldene Europa de l'artiste internationale de l'année/Allemagne

2003 : Médaille de l'ordre du mérite de la République fédérale d'Allemagne pour l'amitié franco-allemande (Bundes Verdienst Kreuz Erste Categorie)/Allemagne

2004 : Unesco Kinder in Not in Dankbarkeit/Allemagne

Distinctions

2008 : « Zolotoy Gramophon » du prix de la chanson de l'année/Russie

2008 : « Zolotoy Gramophon » de l'artiste internationale de l'année/Russie

2009 : Prix artistique Marcel-Bezençon de la meilleure prestation de l'année à l'Eurovision/Europe

2010 : Diva Deutscher Entertainment Preis 2010 « Music Artist of the Year »/Allemagne

Remerciements

Je remercie mon éditrice Sophie Charnavel qui s'est battue pour ce livre ; Sophie Blandinières qui m'a beaucoup écoutée et qui a su m'aider à l'écrire. Et Tanguy Dairaine, avec qui j'ai pu le terminer.

Table

Mise en page
PCA
44400 Rezé

Imprimé par CPI Firmin Didot
N° d'édition : L.01ELKN000329.A004 - N° d'impression : 105138
Dépôt légal : mars 2011
Imprimé en France